Risiken und Nebenwirkungen von Gender Mainstreaming

BEITRÄGE ZUR DISSIDENZ

Herausgegeben von Claudia von Werlhof

Band 21

Frankfurt am Main · Berlin · Bern · Bruxelles · New York · Oxford · Wien

Eva-Maria Loidl

Risiken und Nebenwirkungen von Gender Mainstreaming

Am Beispiel der *Offenen Jugendarbeit*

PETER LANG
Europäischer Verlag der Wissenschaften

Bibliografische Information Der Deutschen Bibliothek
Die Deutsche Bibliothek verzeichnet diese Publikation in der
Deutschen Nationalbibliografie; detaillierte bibliografische
Daten sind im Internet über <http://dnb.ddb.de> abrufbar.

ISSN 0949-1120
ISBN 3-631-54475-8
© Peter Lang GmbH
Europäischer Verlag der Wissenschaften
Frankfurt am Main 2006
Alle Rechte vorbehalten.

Das Werk einschließlich aller seiner Teile ist urheberrechtlich
geschützt. Jede Verwertung außerhalb der engen Grenzen des
Urheberrechtsgesetzes ist ohne Zustimmung des Verlages
unzulässig und strafbar. Das gilt insbesondere für
Vervielfältigungen, Übersetzungen, Mikroverfilmungen und die
Einspeicherung und Verarbeitung in elektronischen Systemen.

www.peterlang.de

Die Verwandlung der kulturellen Wirklichkeit beginnt,
wenn Töchter in ihren Müttern Verbündete finden,
die ihren Widerstand und ihre Ausdauer unterstützen.
Elizabeth Debold

Ich hoffe mit dieser Arbeit einen Beitrag zur Verwandlung
der kulturellen Wirklichkeit zu leisten
und wünsche meinen beiden Töchtern,
Anna-Lena und Marie-Thérèse
eine Zukunft,
in der Differenzen ohne Hierarchisierungen
eine Selbstverständlichkeit sind.

Inhaltsverzeichnis

1.	Vorwort	9
2.	Einleitung	11
3.	**Theoretischer Hintergrund**	13
3.1.	Verschiedene feministische Ansätze	14
3.1.1.	Gleichheit	14
3.1.2.	Differenz	16
3.1.3.	Dekonstruktion	18
3.2.	Meine Verortung	19
4.	**Gender Mainstreaming**	23
4.1.	Die Erfindung von Gender Mainstreaming	24
4.1.1.	Woher kommt Gender Mainstreaming?	24
4.1.2.	Wohin will Gender Mainstreaming?	26
4.2.	Worterklärungen	27
4.2.1.	Gender Mainstreaming	27
4.2.2.	Total E-Quality	31
4.2.3.	Managing Diversity	32
4.2.4.	Gender Impact Assessment und die 3R-Methode	33
4.2.5.	Top down und bottom up	35
4.2.6.	Gender Budgeting	38
4.2.7.	Genderkompetenz	41
4.2.8.	Gendertraining	42
4.2.8.1.	*Welche Elemente enthält ein Gendertraining?*	43
4.2.8.2.	*Mögliche Hemmnisse bei der Durchführung von Gendertrainings*	45
4.2.9.	Genderanalyse	46
5.	**Das Abenteuer Gender Mainstreaming**	49
5.1.	Die pragmatischen Hintergründe von Gender Mainstreaming	50
5.1.1.	Welche Gründe gab es, Gender Mainstreaming in der EU zu verankern?	52
5.1.2.	Die Prozesshaftigkeit von Gender Mainstreaming	53
5.1.3.	Was bedeutet Querschnittspolitik?	55
5.2.	Die Uneindeutigkeit von Gender Mainstreaming. Chance oder Risiko?	55
5.2.1.	Gleichstellung durch Gender Mainstreaming - ist das möglich?	56
5.2.1.1.	*Voraussetzungen für eine erfolgreiche Gleichstellungspolitik*	58

5.2.1.2	*Welche Bereiche sind vorrangig zu hinterfragen?*	60
5.2.1.3	*Welche Themen sollten behandelt werden?*	60
5.2.1.4	*Welche Überlegungen wären erforderlich?*	62
5.2.2	Wie wird Gleichstellung verhindert?	62
5.3.	Gender Mainstreaming, rhetorische Modernisierung oder Paradigmenwechsel in der Gleichstellungspolitik?	64
5.3.1.	Traditionelle Frauenpolitik versus Gender Mainstreaming	64
5.3.2.	Bsp. Tagungen und Literatur zu diesem Thema	67
5.3.3.	Bsp. Arbeitsmarktpolitik	68
5.4.	Die Aussichten bezüglich Gender Mainstreaming	72
5.4.1.	Die neuen/alten Forderungen im Gender Mainstreaming	72
5.4.2.	Das Problem der nicht definierten Ziele	73
5.4.3.	Die Verankerung in Organisationen	74
5.4.4.	Die Datenerhebung und das Problem der Verwertung	76
5.4.5.	Möglichkeiten und Hindernisse	77
6.	**„Gender Mainstreaming" in der Offenen Jugendarbeit**	**79**
6.1.	Was ist Offene Jugendarbeit?	80
6.2.	Die Entstehung der Offenen Jugendarbeit in Vorarlberg	81
6.2.1.	Beschreibung der Offenen Jugendarbeit in Vorarlberg	82
6.2.1.1.	*Die Situation der Jugendarbeit*	82
6.2.1.2.	*Die Sachlage der Angebote*	83
6.2.2.	Handlungsfelder der Offenen Jugendarbeit	84
6.2.3.	Prinzipien der Offenen Jugendarbeit	84
6.3.	Wie kann man Gender Mainstreaming in der Jugendarbeit umgesetzen?	85
6.3.1.	Die Ebene der Organisation	86
6.3.2.	Die Ebene der MitarbeiterInnen	88
6.3.3.	Die Ebene der Projekte und Maßnahmen	90
6.4.	Arbeitshilfen für die verschiedenen Ebenen	92
6.5.	Knackpunkte bei der Umsetzung	95
6.6.	Wo ist Gender Mainstreaming in der Jugendarbeit implementiert?	98
6.6.1.	Wer war der/die ImpulsgeberIn?	99
6.6.2.	Welche Ziele wurden gesetzt?	99
6.6.3.	Kurze Beschreibung der Umsetzung	99
6.6.4.	Die weiteren Schritte	101
7.	**Fazit**	**103**
Anmerkungen		107
Literaturverzeichnis		113

1. Vorwort

> *„Die intimsten Einzelheiten unseres Lebens werden von Machtverhältnissen geprägt und sind darum politisch."* (1)

Mit diesem Buch möchte ich pointiert auf die vielen Tücken von Gender Mainstreaming eingehen, aber auch auf mögliche Chancen soll der Blick gelenkt werden. Im Zentrum stehen drei Fragen. Erstens: Was ist Gender Mainstreaming überhaupt? Zweitens: Was bedeuten all diese Fremdwörter, die mit diesem Konzept einhergehen? Und drittens: Welche (eventuelle positiven) Möglichkeiten könnten sich ergeben?

Vor über zwei Jahren begann ich mit der Arbeit zu diesem Buch. Dass es in dieser Form vorliegt, ist vor allem meinen Freundinnen Lisa Sorgo und Angie Schneider zu verdanken. Von Lisa Sorgo habe ich in allen Stadien des Schreibens großartige Ermutigung erfahren. Ohne die vielen anregenden Diskussionen würde diese Arbeit wohl nicht in dieser Form vor Ihnen liegen. Ihr habe ich es zu verdanken, dass ich mich nicht in Einzelheiten verloren habe und der roten Faden, welcher dieses Buch durchzieht, sichtbar geblieben ist. Angie Schneider hat meine Arbeit in ein druckfertiges Manuskript umgewandelt und in diese Form gebracht, in der Sie sie jetzt in den Händen halten. Wertvolle Hilfe war mir auch meine Freundin Simone Bösch, welche meine manchmal etwas komplizierten Sätze in eine lesbare Form gebracht und die Arbeit auch orthographisch verbessert hat.

Dank schulde ich ferner Karin Bornemann-Grabner, Elisabeth Pernkopf und Michaela Titton, die mich des öfteren in stundenlangen nächtlichen Telefongesprächen sowohl fachlich als auch moralisch unterstützt haben.

Am meisten verdanke ich allerdings all jenen, die mich nicht nur beim Schreiben dieses Buches, sondern während meines ganzen Studiums bei der Betreuung meiner beiden Töchter unterstützten, allen voran Thomas der mich nicht nur in der Betreuung auf jede erdenkliche Weise unterstützte, sondern auch all meine Gemütsschwankungen während meines Studiums ertragen hat.

Aber auch bei meinen Freundinnen Simone Bösch, Silvia Fend und Hannelore Wehinger wusste ich meine Töchter immer gut aufgehoben. Sie alle gaben mir Raum, um mich auf mein Studium und zum Schluss auf diese Arbeit konzentrieren zu können. Wenn mir alles trotzdem manchmal zuviel wurde, konnte ich gemeinsam mit meinen Töchtern bei meiner Freundin Silvia Köppel-Waltersdorfer und ihrer Familie in der Steiermark Kraft tanken. Dort bekam ich meinen Kopf wieder frei, um danach mit frischen Elan weiterarbeiten zu können.

Nicht zuletzt danke ich Claudia von Werlhof für die Möglichkeit, diese Arbeit in ihrer Reihe „Beiträge zur Dissidenz" veröffentlichen und so einer breiten Öffentlichkeit zugänglich machen zu können.

2. Einleitung

"Was immer Menschen tun, erkennen, erfahren oder wissen, wird sinnvoll nur in dem Maß, in dem darüber gesprochen werden kann."(2)

Die zentrale Motivation für diese Arbeit war meine persönliche Betroffenheit, und zwar in zweifacher Hinsicht: erstens durch die Tatsache meines biologischen Geschlechts, welches mich strukturell benachteiligt, auch wenn mir das nicht immer bewusst ist, und zweitens durch die individuellen Erfahrungen mit den Schwierigkeiten als Alleinerzieherin bei der Realisierung der Vereinbarkeit von Beruf, Studium und Familie.

Motivation war außerdem der Wunsch nach Veränderung bzw. danach, genauer über die Möglichkeiten informiert zu sein, die eine angeblich positive Veränderung hin zu mehr Geschlechtergerechtigkeit in der derzeitigen Politik möglich machen. Eine weitere Motivation bzw. ein Entscheidungsgrund zum Thema Gender Mainstreaming war natürlich mein Studiumsschwerpunkt „Kritische Gesellschafts- und Geschlechterforschung", welcher mir gewissermaßen den Weg zu diesem Thema geebnet hat.

Der inhaltlicher Schwerpunkt während meines Studiums war keine Entscheidung, welche ich von einem Tag auf den anderen gefällt habe, sondern ein kontinuierliches Wachsen des Interesses, mehr über die gesellschaftlichen Hintergründe und die „Zweigeschlechtlichkeit" und deren Rollenzuweisung zu erfahren. Der Auslöser war sicher die Lektüre des Buches „Die Töchter Egalias"(3) von Gerd Brantenberg, in der die Rollenzuweisungen an die Geschlechter ganz einfach umgedreht werden. So werden Vorurteile und Klischees der Lächerlichkeit preisgegeben. Damals habe ich zum ersten Mal bewusst über die unterschiedlichen Rollenzuweisungen an die Geschlechter nachgedacht.

Die endgültige Entscheidung wurde von zwei Faktoren beeinflusst. Erstens von der Geburt meiner beiden Töchter, und zweitens von Birgit Leitner, die ich bei der StudentInnenberatung in der ÖH kennengelernt habe, und die während des Studiums eine wichtige, weil mit breitgestreutem feministischem Wissen ausgestattete und alles kritisch hinterfragende Freundin wurde.

Somit war klar, dass für eine wissenschaftliche Arbeit nur ein Thema in Frage kommt, welches sich entweder mit der Frauenfrage beschäftigt oder zumindest aus der Frauenforschung entstanden ist. Bei Gender Mainstreaming ist das Letztere der Fall.

Die vorliegende Arbeit ist der Versuch, sich nicht nur mit einzelnen Teilbereichen von Gender Mainstreaming zu beschäftigen, sondern der/den LeserIn einen umfassenden Überblick über das Thema zu ermöglichen. Ich werde mich mit den Hintergründen von Gender Mainstreaming auseinandersetzen, biete eine Begriffsbestimmung bezüglich der fremdsprachigen Vokabeln, die mit Gender Mainstreaming einhergehen, und durchleuchte dieses Konzept und seine Schwachstellen von einer feministischen Sichtweise aus. Zu allererst werde ich allerdings meinen eigenen feministischen Standpunkt erläutern.

3. Theoretischer Hintergrund

> *„Feministisch denken und handeln heißt, die falsche Gleichung Mensch = Mann, die das Männliche allgemein setzt, und die damit einhergehende Gleichung Frau = Natur, die Skandal zu machen. Feminismus ist frech, selbstbewusst und respektlos."* (4)

Da es nicht „den Femininums" oder „die Feministin" gibt, erscheint es mir sinnvoll, meine eigene Position in diesem Netz von verschiedenen Feminismen darzulegen und so gut wie möglich zu begründen. Dabei ist es mir wichtig, darauf hinzuweisen, dass ich nicht den Anspruch erheben möchte, einen Gesamtüberblick über die Frauenbewegungen in unserem Kulturkreis zu geben, sondern nur versuchen werde, anhand von ausgewählten Divergenzen einen kurzen Überblick zu gewähren.

Die folgende sehr kurze Illustration sollte auch nicht als chronologischer Überblick gelesen werden, da es immer historische Überschneidungen gegeben hat und noch immer gibt.

Die theoretische Auseinandersetzung mit den feministischen Strömungen ist aber auch unter einem anderen Blickwinkel relevant, nämlich dann, wenn man berücksichtigt, dass der Kategorie „Gender" keine einheitliche Bedeutung zugesprochen wird, sondern dass sie in Geschlechterkonzepte eingebunden ist, die sich teilweise widersprechen bzw. stark voneinander unterscheiden. Diese Tatsache macht eine Reflexion der theoretischen Anbindungen des Begriffs „Gender" sinnvoll.

Für den Begriff des Gender Mainstreaming ist der Tatbestand der verschiedenen Geschlechterkonzepte nicht gleichgültig, „er gewinnt besonders in dem Moment an Bedeutung, wo es um die nähere inhaltliche Bestimmung der Ziele von Gender Mainstreaming geht, d.h. wo politisch zu bestimmen ist, was unter der Gleichstellung von Männern und Frauen verstanden wird."(5) Der theoretisch feministische Hintergrund ist also nicht unerheblich und hat sehr wohl Einfluss auf die vereinbarten geschlechterpolitischen Ziele der jeweiligen Organisation, die sich mit Gender Mainstreaming beschäftigt. Daher erscheint es nicht nur sinnvoll, sondern es sollte als verpflichtend angesehen werden, den jeweils verwendeten Geschlechterbegriff offen zu legen und zu diskutieren.

3.1. Verschiedene feministische Ansätze

Vereinfacht lässt sich feststellen, dass sich zwei Strömungen ganz klar unterscheiden lassen. Dies sind die Gleichheitsposition auf der einen Seite und die Differenzposition auf der anderen, wobei sich die erstgenannte Position grob in zwei Denkweisen aufspalten lässt, die egalitätstheoretische und die antiessentialistisch-dekonstruktivistische Position.

Die Gemeinsamkeit jeder feministischen Theorie ist eine kritische Analyse der derzeitigen Gesellschaftsverhältnisse. Wie, mit welchen Fragestellungen, von welchem Standpunkt aus und mit welchem theoretischen Hintergrund gesprochen wird, sind die wesentlichsten Unterscheidungsmerkmale der einzelnen Theorien, oder, wie Regina Becker-Schmidt und Gudrun-Axeli Knapp in ihrem Buch „Feministische Theorien zur Einführung" erläutern: „Das interdisziplinäre Feld feministischer Theoriebildung wird [...] durch ein gemeinsames Band zusammengehalten: das wissenschaftlichpolitische Interesse an der Verfasstheit von Geschlechterverhältnissen und die Kritik an allen Formen von Macht und Herrschaft, die Frauen diskriminieren und deklassieren."(6)

3.1.1. Gleichheit

Ursprünglich wurde die Forderung „Gleichheit der Geschlechter" in der Französischen Revolution von Olympe de Gouges gefordert, als klar wurde, dass Frauen in der Menschenrechtserklärung von 1789 nicht mitgemeint waren.

Das Ziel des in den 70er Jahren des vorigen Jahrhunderts wieder aktuell gewordenen egalitätstheoretischen Ansatzes war es, aufzuzeigen, dass Frauen in allen Bereichen der Gesellschaft die gleiche Leistung erbringen können wie Männer. Teilweise wurde die traditionelle Lebensweise von Frauen und deren Zuschreibungen wie Mütterlichkeit etc. abgelehnt. Es gab allerdings auch Strömungen, welche sich dafür einsetzten, dass die Reproduktionsarbeit als gesellschaftliche Arbeit anerkannt wurde.

„Der Gleichheitsdiskurs war eine Reaktion auf die gesellschaftliche Inferiorisierung, Domestizierung der Frau. Er hatte Mündigkeit der Frau in juristischen, ökonomischen, finanziellen, pädagogischen und persönlich-leiblichen Bereichen zum Ziel. [...] Dadurch sollte das Leben der Frau nicht mehr durch die Vorstellung eines im Grunde unveränderlichen Wesens determiniert sein."(7)

Die Frage der Gleichberechtigung bzw. Gleichheit wurde oft mit der Angleichung an das Patriarchat verglichen, ohne eine genau Definition dieser beiden Begriffe zu ermitteln.

Auf alle Fälle scheint zu gelten, dass für die GleichheitstheoretikerInnen eine Öffnung des gesellschaftlichen Lebens, also unter anderem die Berufstätigkeit, zumindest ein Kriterium der Forderungen beinhaltet. Die Angleichung an die „Männerdomäne" der Produktionsarbeit ist unter dem Aspekt zu verstehen, dass die Auffassungen des traditionellen Frauenlebens immer auch mit Frauenunterdrückung gleichgesetzt worden ist.

Allerdings wird zu wenig bedacht, dass „die Angleichung der Frauen an das männliche Modell [...] tatsächlich Rechte [gewährt], aber sie greift nicht die Macht an, weil die wirkliche Macht – die die patriarchale Ordnung bewahrt und bekräftigt – stärker als die Rechte ist."(8)

Ferner ist dabei zu bedenken, dass, wie Helga Krüger schreibt „Gesellschaftlich definierte Kompetenzbereiche zwischen den Geschlechtern [...] selbst bei individueller Überschreitung wirksam [sind]",(9) dass also mit der Aneignung von in unserer Kultur männlichen Werten allein noch keine Gleichstellung möglich sein wird, da eine einseitige Überschreitung der Geschlechtergrenzen die geschlechtsspezifische Arbeitseinteilung nicht in Frage stellt. Es sind also damals wie heute nach wie vor zum überwiegenden Teil Frauen für die unsichtbare Reproduktionsarbeit verantwortlich.

Frigga Haug schreibt in ihrem Aufsatz „Tagträume eines sozialistischen Feminismus": „Diese so harmlos und reformistisch daherkommende Forderung nach einer gleichen Teilhabe der Geschlechter an der Gesellschaft untergräbt alle herrschaftssichernden Selbstverständlichkeiten und ist darum Voraussetzung für jede Gesellschaftsänderung, die ans Fundament geht, in welches zugleich die Herrschaft der Männer eingegossen ist, ökonomisch, politisch und kulturell."(10) Im Sinne des zuvor diskutierten Kompetenzbereiches ist dieser Aussage entgegenzuhalten, dass der „Maßstab für ihre [der Frau] Gleichheit im Recht [...] immer der Mann, seine Fähigkeiten, sein Wissen, seine Vorstellungen von Familie, Leben, Beruf, Wissenschaft, Politik usw. [ist]."(11)

Daher ist m.E. auch der Aussage von Frigga Haug - „eine Gesellschaft, in der die Geschlechter gleich behandelt werden, ist eine veränderte Gesellschaft"(12) - nur zum Teil zuzustimmen.

Denn solange der Maßstab nur vom Mann ausgeht und nicht eine grundsätzliche Diskussion um die Konzeption einer Gesellschaft stattfindet, in der zwischen Männern und Frauen, und nicht nur zwischen diesen, gleichberechtigt diskutiert wird, wird es m.E. immer nur eine Angleichung an die männliche Norm geben, ohne eine grundsätzliche Veränderung der Gesellschaft bewirken zu können. Nebenbei können wir in unserem Kulturkreis auch die Tatsache vermerken, dass einer formellen Gleichstellung der Frauen noch lange nicht die konkrete Realisierung eben dieser Gleichstellung folgt.

3.1.2. Differenz

Den Differenztheoretikerinnen ist gemeinsam, dass sie von einer Zweigeschlechtigkeit ausgehen, die auf verschiedenen Ebenen wie z.b. biologisch, kulturell, philosophisch etc. abgesichert wird. Es geht ihnen also nicht um eine Negierung der Geschlechterdifferenz, sondern um die gesellschaftliche Anerkennung von Frauen und deren Lebensweise.

Eine Angleichung an die männliche Lebensweise wird von den Differenztheoretikerinnen abgelehnt.

Es muss allerdings betont werden, dass die Differenztheoretikerinnen immer wieder darauf hinweisen und hingewiesen haben, dass es nicht nur zwischen den Geschlechtern, sondern auch innerhalb der gleichen Geschlechtergruppe Differenzen gibt, bei denen es gilt, die Unterschiedlichkeit gleichberechtigt anzuerkennen.

„Zu den Vordenkerinnen einer Theorie der Geschlechterdifferenz gehört die französische Psychoanalytikerin und Philosophin Luce Irigaray."(13) Sie beeinflusste mit ihren Texten italienische Feministinnen wie Adriana Cavarero, eine italienische Philosophin und Differenztheoretikerin aus Verona. Cavarero geht es darum, Geschlechterdifferenz neu zu denken.

Nicht mehr aus der Perspektive der Männer, die beharrlich auch eine Unterlegenheit der Frauen annimmt und die außerdem immer ihre eigene „männliche" Lebenswelt als Ausgangspunkt und Maßstab setzt, sondern von Frauen soll die Definition der Geschlechterdifferenz neu interpretiert werden. Diese neue Interpretation tauscht aber laut Cavarero nicht die traditionelle Absolutheit des Männlichen gegen die der Weiblichkeit aus, sondern sie sollte die Verschiedenheit, die Differenz betonen, ohne hierarchische Einordnungen vorzunehmen.

„Das weibliche Geschlecht wurzelt in der Geschlechterdifferenz, die es konnotiert; d.h. die Frauen, die frei sein wollen, wenden sich anderen Frauen zu, um zu bestimmen, welches das Fundament ihrer Weiblichkeit ist, um eine symbolische Ordnung zu teilen, die sie repräsentiert und um eine politische Ordnung zu finden, die sie als Subjekte behandelt."(14)

Unter „weiblicher symbolischer Ordnung" versteht sie, „einander anzuerkennen [...] indem wir den Sinn der subjektiven Individualität einer jeden in einem gemeinsamen und teilbaren Horizont finden."(15) Diese Überlegung Cavareros ist vor allem darauf zurückzuführen, dass es Jahrhunderte lang die Männer waren, welche „Weiblichkeit" definierten und den Frauen den Subjektstatus nicht zugestanden. Die abendländische Denktradition grenzte von ihren Anfängen an bis heute immer gewisse Menschengruppen aus, und Frauen waren von diesen Ausgrenzungen immer mitbetroffen.

„Es gibt zwei Geschlechter, und keines von beiden repräsentiert das ganze menschliche Geschlecht. Das bedeutet, dass es strukturell und unleugbar eine Differenz zwischen Mann-Sein und Frau-Sein gibt, und dass diese Differenz von jedem der zwei Geschlechter aus ihrer Parteilichkeit heraus gedacht werden muss."(16)

Es geht Cavarero nicht nur darum, Solidarität mit anderen Frauen zu entwickeln, sondern vor allem auch eine weibliche symbolische Ordnung zu installieren, indem sich Frauen immer wieder auf andere Frauen beziehen und sich wechselseitig anerkennen. Ihr geht es demzufolge um die „Schaffung eines politischen weiblichen Subjekts."(17)

In einer ähnlichen Art und Weise argumentiert Annedore Prengel. Es gibt viele Gleichheiten bzw. Differenzen, aber konservatives Denken vollzieht Hierarchisierungen, wenn es um Gleichheit und/oder Differenz geht. Das ist die Quintessenz, die ich aus dem Artikel „Gleichheit versus Differenz – eine falsche Alternative im feministischen Diskurs" von Prengel herauslese. Sie stellt sich die Frage, „wie ein demokratischer Differenz- und Gleichheitsbegriff, mit dem Politik gemacht werden kann, beschaffen sein könnte."(18)

Prengel stellt zehn Thesen zu einem demokratischen Differenzbegriff auf. Einige davon möchte ich hier anführen.

Ein demokratischer Differenzbegriff wendet sich gegen Hierarchien, und er bezeichnet gesellschaftliche Verschiedenheiten. Differenzen zwischen Frauen und Männern sind strukturelle kulturelle Differenzen. Es handelt sich um einen dynamischen Prozess, der sich kulturell und historisch verschieden und immer wieder neu gestaltet. Ein demokratisches Differenzkonzept bedeutet, dass verschiedene Lebensformen gleiches Existenzrecht haben. Eine Idealisierung der Weiblichkeit ist von daher laut Prengel abzulehnen, da sie nur die Umkehrung der bestehenden Geschlechterregeln wäre.(19)

Es geht also darum, neue Geschlechterregeln auszuhandeln, die alle denkbaren Differenzen gleichwertig, d. h. ohne hierarchische Wertung anerkennen.

3.1.3. Dekonstruktion

Während die beiden vorhergenannten Gruppen immer von einem entweder symbolischen oder auch realen Unterschied der Geschlechter ausgehen, also im traditionellen Denken verhaftet bleiben, ist für die DekonstruktivistInnen das Geschlecht eine sprachlich hergestellte Erscheinung mit kulturellen Zuschreibungen, die keine biologischen Ursachen hat.

Mit dem in den Neunzigerjahren des vorigen Jahrhunderts zum Thema gewordenen dekonstruktivistischen Feminismus ist vor allem der Name Judith Butler verknüpft. Sie geht davon aus, dass nicht nur „gender", sondern auch „sex" – also das biologische Geschlecht – diskursiv hergestellt ist.

Judith Butler vertritt in ihrem Buch „Das Unbehagen der Geschlechter" (1991) die These, dass auch der Körper als biologisches Geschlecht sprachlich produziert wird. „Der Körper existiert, entgegen dem Alltagsverständnis, nicht als Natur, die kulturellen Einwirkungen vorausgeht. Butler versteht ihn vielmehr als vollständig von kulturellen Diskursen erzeugte und von der Macht durchdrungene Materie."(20) Denn wenn Menschen Körper oder Körpererfahrungen zur Sprache bringen, sprechen sie immer schon von einem sozialen Zusammenhang, sie befinden sich sozusagen im Bannkreis des „gender", um „sex" zur Sprache bringen.(21)

Der Körper/das Geschlecht wird also von dem Naturbegriff der jeweiligen Kultur diskursiv hergestellt, erscheint uns aber im Endeffekt als ursprünglich und von der Natur vorgeschrieben.

Butler bezieht sich bei ihren Ausführungen unter anderem auf Simone de Beauvoir, indem sie Beauvoirs Ausführungen in dieser Weise interpretiert: „Wenn der Leib eine Situation ist, wie Beauvoir sagt, so gibt es keinen Rückgriff auf den Körper, der nicht bereits durch kulturelle Bedeutungen interpretiert ist. Daher kann das Geschlecht keine vordiskursive, anatomische Gegebenheit sein."(22)

Die politische Absicherung des biologischen Geschlechts wird Butler zufolge durch die Zwangsheterosexualität sichergestellt. Diese Zwangsheterosexualität ist aber nicht dadurch zu erklären, dass das sexuelle Begehren auf eine anatomische Differenz angewiesen wäre. Vielmehr bilden „*Geschlecht und Sexualität* [...] im Rahmen einer gesellschaftlichen Geschlechter- und Bevölkerungspolitik die *zentralen Instrumente*, die die natürliche Reproduktion und die soziale *Ordnung* der Gesellschaft *gewährleisten* sollen".(23) (Herv. von mir)

Diese Erkenntnis ist jedoch nicht neu. Wie Joan Scott feststellt, hat schon Freud sich mit dieser kulturellen Zwangsheterosexualität und der damit einhergehenden Ungerechtigkeit auseinandergesetzt. „Nach Freud zwingt die unterdrückende Funktion der Kultur unbestimmte sexuelle Kräfte im Namen der Fortpflanzung der Art auf einen monogamen, heterosexuellen Pfad."(24)

Im deutschsprachigen Raum ist unter anderem Angelika Wetterer als Dekonstruktivistin bekannt. Auch sie geht von der Annahme aus, dass die Natur der Zweigeschlechtlichkeit eine soziale Konstruktion ist, welche uns als „objektive Realität" erscheint. Diese „objektive Realität" bezeichnet Wetterer als „kulturell produziertes Missverständnis".(25) Allerdings steht bei Wetterer nicht der Diskurs im Brennpunkt ihres Interesses, sondern sie geht von einem „doing gender" aus. Sie stellt also die sozialen Interaktionen in den Mittelpunkt ihres Forschungsinteresses.(26)

Nichtsdestotrotz bleibt festzuhalten, dass man, selbst wenn die Kategorie „Geschlecht" wirklich unbedeutend wäre, trotzdem nicht auf sie verzichten könnte, da „jede Diagnose der Veränderung von Geschlechterverhältnissen auf einen Begriff von Geschlecht angewiesen ist, bleibt diese Kategorie bedeutsam, selbst dann, wenn ihr Bedeutungsverlust für den Objektbereich der Analyse diagnostiziert wird."(27)

3.2. Meine Verortung

Für mich stellt die Kategorie Geschlecht ein unumgängliches biologisches und soziales Faktum dar, da ich der Meinung bin, dass die Geschlechtsidentität ein grundlegendes Merkmal ist, das man nicht einfach negieren kann. Die Geschlechtsidentität ist ein biologisches und soziales Faktum, das mich und jede/n andere/n sein/ihr ganzes Leben lang begleitet. Dies ist eine Tatsache, welche nicht erst im Patriarchat Geltung erlangte, sondern schon Jahrtausende davor ein Faktum bezeichnete, wie verschiedene Mythenüberlieferungen, vor allem von der Erschaffung der Erde, deutlich machen.(28)

Ich kann die Kategorie Geschlecht hinterfragen und kritisieren, aber ich kann sie nicht komplett negieren, ohne einen Teil meiner Individualität aufzugeben. Denn selbst wenn ich von Anfang an von einer „Null Hypothese" ausgehen würde, wie sie Carol Hagemann-White vorschlägt(29), was wäre der Mensch dann noch? Woran könnte bzw. sollte er/sie sich orientieren, wenn er/sie von Anfang an nichts, aber gleichzeitig alles wäre?

Wenn ich die körperlichen Unterschiede völlig negieren würde, hätte ich das Gefühl, ich würde letztendlich auf die Materie verzichten. Das Problem der Differenz kommt m.E. durch die ganze Bandbreite an mitgedachten positiven und negativen Kriterien zustande. Freilich gilt das nur dann, wenn ich Differenz vom patriarchalen Standpunkt aus definiere, in dem Differenzen gleichzeitig immer auch in Hierarchien gewertet werden. Von einem Standpunkt außerhalb dieses Systems aus könnte uns das Festhalten an der Differenz bzw. den Differenzen durchaus Vorteile bringen, und zwar nicht nur den Frauen oder einer bestimmten Gruppe von Menschen, sondern allen.

Es scheint mir, dass der Biologie für etwas die Schuld zugeschoben wird, für das eigentlich die menschliche Bewertung die Verantwortung übernehmen sollte. Die biologischen Geschlechterdifferenzen sind keinesfalls für die Geschlechterkonzepte verantwortlich, die in unserer Gesellschaft als Wahrheit propagiert werden und in denen Frauen der passive Teil und Männern der aktive Teil zuerkannt wird. vielmehr sind es die jeweiligen Zuschreibungen, welche die Geschlechterkonzepte formen. Sie sollten kritisch hinterfragt und dadurch veränderbar werden.

Ein biologisches Geschlecht zu bejahen muss nicht gleichbedeutend mit automatischer Unterdrückung sein. Auch wenn das Patriarchat seine Macht unter anderem bzw. vor allem von dieser Unterdrückung herleitet, ist es m.E. keine kluge

Strategie, deswegen das biologische – also das natürliche – zu verleugnen. Eine reale Gesellschaft reproduziert sich nun mal von den realen biologischen Körpern. Und auch wenn die Reproduktionsmedizin auf Hochtouren an Ersatztechnologien forscht, heißt das noch lange nicht, dass das wirklich in absehbarer Zeit möglich sein wird oder auch nur wünschenswert wäre.

Ich lehne jede Theorie von geschlechtsspezifischer Arbeitsteilung und auch die zweigeteilte Gefühlswelt, die in patriarchalen Kulturen als unzuhinterfragendes Faktum dargestellt wird, als absurd ab, ohne dabei aber die Augen vor biologischen Unterschieden und daher letztlich vor der materiellen Existenz zu verschließen. Das wäre der falsche Ansatzpunkt. Denn wie schon Gerda Weiler in „Eros ist stärker als Gewalt" feststellt, ist *„die Materie (ist) die Basis des Lebens".*(30) (Herv. von mir)

Es erscheint mir so, als ob im antiken Griechenland die Trennung von Natur (Frau) und Kultur (Mann) eingeführt wurde, um diese Dichotomie im 21. Jhdt. völlig hinter uns zu lassen und uns nur noch als reine Kulturwesen zu betrachten. Es geht nicht darum, dass ich die Einflüsse, welche die Kultur auf uns hat, auch nur im Mindesten vernachlässige, ganz im Gegenteil bin ich zutiefst überzeugt, dass wir vermutlich bei aller Reflexion nicht mal die Hälfte von dem erfassen können, wie uns Kultur formt. Deshalb aber die Natur für irrelevant zu erklären, halte ich nicht nur für falsch, sondern auch für gefährlich.

Maria Wolf und Michaela Ralser schreiben in ihrer „Einführung in den feministischen Theoriebereich: „Die Kategorie ‚Geschlecht' ist für eine feministische Analyse kultureller und gesellschaftlicher Strukturen, Zusammenhänge und Entwicklungen grundlegend. Grundlegend also für Fragen nach dem Verhältnis von Geschichte und Gegenwart, von Natur und Kultur, von Öffentlichem und Privatem, von Individuum und Gesellschaft, von Produktion und Reproduktion, von Normalität und Pathologie, von Frieden und Gewalt, von technologischem Fortschritt und Zerstörung, von Macht und Wissen etc.."(31) Schon allein deswegen ist also auf die Kategorie Geschlecht nicht zu verzichten.

Ich stimme mit Cavarero überein: „Wenn [...] die Geschlechterdifferenz nicht als existent angesehen und nicht als notwendig gesetzt wird, kann ein einziges Geschlecht den Anspruch erheben, alles zu sein, nämlich die gesamte menschliche Gattung, die gleichzeitig männlich und neutral ist, sexuell männlich konnotiert wird, aber objektiv und universal ist. *Nur wenn die Geschlechter* – aus einer unleugbaren Differenz – *notwendigerweise zwei sind, kann eines von beiden nicht alles sein."*(32) (Herv. von mir)

Natürlich kann man nicht von ein paar „Wir-Erfahrungen" von Frauen einen universellen Anspruch von Frausein einfordern. Dennoch meine ich, dass es Differenzen zwischen den Geschlechtern gibt, auch wenn diese Differenzen ganz sicher nicht für alle das Gleiche bedeutet und sich daher teilweise auch überschneiden und verwischen. Wenn Klinger Cavarero vorwirft: „Selbst wenn ‚der Mensch' zwei wäre, so sind doch die Frauen viele,"(33) so stimmt das nur zur Hälfte. M..E. müsste es heißen: Selbst wenn der Mensch zwei ist – also Mann und Frau –, so gibt es doch der Menschen viele. Denn nicht nur unter den Frauen, auch unter den Männern und erst recht unter der ganzen Menschheit gibt es Unterschiede. Deswegen kommt mir die Definition von Julia Kristeva zur Weiblichkeitsfrage sehr entgegen: „Ich bin für eine Konzeption des Weiblichen, für die es so viele Weiblichkeiten gibt wie Frauen".(34)

Die Gemeinsamkeit von Frauen als politische Kategorie ist die einzige Ausgangsbestimmung für Analyseversuche, die über die patriarchale Gesellschaft, in der wir leben, Auskunft geben kann.(35) Dessen ungeachtet ist mir keine Theorie bekannt, welche das Mannsein grundsätzlich in Frage stellt.

Ich möchte dieses Kapitel mit den Worten von Wiltrud Gieseke schließen: „Neue Organisationen eines demokratischen Geschlechterverhältnisses benötigen beide Geschlechter und nicht die selbsterklärte Auflösung des Weiblichen, weil man sie sich nur in polaren und patriarchalen Mustern denken kann."(36)

4. Gender Mainstreaming

> *„Die neueste Variante im Glauben von Frauen an Alchemie und Patriarchat besteht darin, den weiblichen Leib auch nicht mehr als Maschinen-Körper, sondern nur noch als überflüssig anzusehen und sich auf den typisch patriarchalen Weg der Selbst-Alchemisierung in Richtung auf einen leibfreien, künstlich gestylten Designer-Körper zu begeben. Gender-Identität, fürwahr!"(37)*

Das kulturelle Geschlecht bewusst und dadurch verhandelbar zu machen, das ist kurz gesagt die Strategie von Gender Mainstreaming.

„Dahinter stecken zwei Hoffnungen: erstens die möglichen, unterschiedlichen Auswirkungen von politischem Handeln in Organisationen auf Frauen und Männer auf breiter, gesellschaftlicher Ebene sichtbar und deutlich zu machen. Zweitens Menschen, die politische unternehmerische oder sonstige, einflussreiche Positionen bekleiden, auf ihre Verantwortung zu verweisen, für mehr Gerechtigkeit zwischen den Geschlechtern Sorge zu tragen."(38)

Aber genauso wie Frauen mit dem Emanzipationsprozess auf eine Reihe von alten Sicherheiten verzichteten(39), würden Frauen, die sich von Gender Mainstreaming die Erfüllung erhoffen, zuerst einmal einige schwer erkämpfte Rechte teilweise wieder abgeben müssen. Die Frage ist, ob sich das lohnt?

Denn wie Susanne Schunter-Kleemann schreibt, ist „Gender Mainstreaming [...] ein recht doppelbödiges Konzept mit Haken und Ösen, mit Chancen und Risiken, das sehr unterschiedlich gelesen werden kann."(40)

Zudem sollte gesehen werden, dass auch bei Gender Mainstreaming gesamtgesellschaftliche Arbeitsteilung – derzeit zumindest – noch nicht wirklich diskutiert wird. Wenn z.B. über die Schaffung von mehr Teilzeitarbeitsplätzen diskutiert wird, werden immer nur die Niedriglohngruppen, in denen Frauen sowieso schon überrepräsentiert sind, angesprochen, eine Quotierung aller Arbeitsplätze und die Möglichkeit, auch in der Führungsebene Teilzeit zu arbeiten, wird nicht ernsthaft diskutiert. Eine wirkliche Neuverteilung der Gesamtarbeit ist also nach wie vor ein Tabuthema. Das ist auch daran sichtbar, dass derzeit noch nicht einmal breit angelegte Diskussionen geführt werden, in denen die Arbeitszeitverkürzung im Vollzeitbereich überdenken wird.

Das bedeutet, dass es auch bei Gender Mainstreaming in erster Linie nicht um die gleiche Teilhabe der Geschlechter an allen Bereichen - die Quotierungen sind aufgehoben - geht, sondern zumeist um eine versuchte Aufwertung der sogenannten Frauensparten oder um die Vereinbarkeitsproblematik von Beruf und Familie. Dass es wieder die Frauen sein werden, die mit dieser Vereinbarkeit gemeint sind, erkennt man auch daran, dass es in der Politik ebenso bisher kein einziges Beispiel gibt, in dem ein Mann, welcher ein öffentliches Amt ausübt, seinen Job mit einer Frau teilt. Vice verca gilt das allerdings auch, obwohl das Prinzip Gender Mainstreaming vor allem von EU Politikern propagiert wird. Die Versorgungsarbeit wird bei diesen vielen Herren und ganz wenigen Frauen nach wie vor von Frauen erledigt. Die Vereinbarkeit scheint nur in öffentlichen Diskussionen und Erklärungen ein Thema zu sein, niemand bezieht diese Problematik auf seine/ihre Arbeitswelt.

4.1. Die Erfindung von Gender Mainstreaming

Gender Mainstreaming hat eine wechselvolle Vergangenheit. Im Folgenden möchte ich kurz erläutern, wo die Wurzeln dieser Strategie zu finden sind.

Davor aber noch einen kurzen Lebenslauf des Begriffs. 1985 wurde Gender Mainstreaming erstmals als politische Strategie auf der Weltfrauenkonferenz in Nairobi vorgestellt und zehn Jahre später in Peking als Prinzip verabschiedet. 1997 wurde die Gleichbehandlung von Frauen und Männern in Bezug auf Beschäftigungsmöglichkeiten im Amsterdamer Vertrag verankert. Zwei Jahre später kommt es zu einer Verankerung des Gender Mainstreaming Ansatzes in den beschäftigungspolitischen Leitlinien der EU. Im gleichen Jahr wird eine rechtsverbindliche Form des Amsterdamer Vertrags und die für alle EU Staaten verpflichtende Gleichstellungspolitik eingeführt.

Allerdings ist diese „rechtsverbindliche Form" wirklich nur Form, da es bis heute keine Sanktionsmittel gegen die „Nicht- Einhaltung" gibt. Dies führt auch Maria Mies in ihrem gemeinsam mit Claudia von Werlhof herausgegebenen Buches „Lizenz zum Plündern"(41) an. Sie schreibt: „Die meisten dieser ‚Fortschritte' beruhen lediglich auf frommen Absichtserklärungen, die keine gesetzlich bindende Kraft haben. Das wird besonders deutlich, wenn wir uns den Amsterdamer Vertrag in Bezug auf Frauenrechte ansehen."(42)

4.1.1. Woher kommt Gender Mainstreaming?

„Die ersten Ansätze von Gender Mainstreaming waren relativ eng mit der Diskussion von Entwicklungsprojekten und -politiken verknüpft."(43) Der Entstehungskontext von Gender Mainstreaming ist von daher in der Entwicklungspolitik zu suchen. Frauen bzw. die Geschlechterfrage wurden in der neoliberalen Strukturanpassungspolitik der 1980er Jahre völlig ignoriert. Daher hatte jede Maßnahme massive Auswirkungen auf Frauen. Unter neoliberal versteht man die Auffassung, dass der Markt sich selbst am besten regelt und daher keine Regulierung durch den Staat notwendig ist. Mit dieser Auffassung konform geht z.b. der Abbau von Sozialleistungen oder die Privatisierungen der öffentlichen Dienstleistungen.

Auch Schunter-Kleemann weist in ihrem Artikel im Forum Wissenschaft darauf hin, dass Gender Mainstreaming nur funktionieren kann, „wenn es in eine schlüssige wohlfahrtsstaatliche Gesamtstrategie eingebaut ist und nicht durch andere es überlagernde und dominierende neoliberale Politikansätze konterkariert und ausgehebelt wird."(44)

Frauen trifft diese neoliberale Strukturanpassungspolitik gleich doppelt. Zum einen sind sie öfter auf staatliche Transferleistungen angewiesen als Männer, da ihre ökonomische Situation meist schlechter ist, zum anderen wurde und wird beim Abbau der sozialen Infrastrukturen den Frauen z.B. vermehrt „unbezahlte" Betreuungsarbeit aufgelastet, für die sich der Staat nicht mehr verantwortlich zeigt. Diese Betreuungsarbeit wiederum ist mitverantwortlich dafür, dass es Frauen am derzeitigen Arbeitsmarkt nicht möglich ist, sich voll zu integrieren, und daher ist für die meisten Frauen eine eigenständige ökonomische Absicherung schwer möglich. Denn der Arbeitsmarkt hält zwar die Reproduktionsarbeit, welche zumeist von Frauen geleistet wird, unsichtbar, greift aber trotzdem indirekt auf dieses Potential zurück, da davon ausgegangen wird, dass diese „nicht bezahlte und daher unsichtbare Arbeit" von jemandem Zweiten erledigt wird. Es ist also ein Kreislauf, aus der Betroffene ohne Strukturänderung kaum je herauskommen.

Die Projekte für Frauenförderung konnten dieser Anpassungspolitik an den „Mainstream" nicht wirkungsvoll entgegentreten. „Die Forderung wurde deshalb immer lauter, Frauen müssten nicht nur entwicklungspolitische Ressourcen im Sinne der Frauenförderung zugeteilt erhalten, sondern auch in die Entscheidungsprozesse eingreifen und die Gesamtausrichtung der Maßnahmen grundlegend mitgestalten können. Vor diesem Hintergrund entstand der Begriff des Gender Mainstreaming."(45)

Das Prinzip „Gender Mainstreaming", das im Kontext der Entwicklungspolitik hervorgebracht wurde, avancierte bald zu einem politischen Konzept, welches die grundlegenden Veränderungen der Geschlechterverhältnisse beinhalten sollte, freilich nicht in erster Linie deswegen, dass Frauen bessere bzw. gleichberechtigte Chancen erhalten, sondern vielmehr darum, die Effektivität von Entscheidungen und Maßnahmen und damit auch den Profit für die einzelnen Organisationen zu erhöhen (wobei auch im Zuge von Gender Mainstreaming nie diese/unsere Gesellschaftsform als solche in Frage gestellt wurde).

Und genau dort – bei der Profitmaximierung – ist auch der zweite Hintergrund von Gender Mainstreaming zu finden. In den 1980er Jahren kam man in den USA zur Überzeugung, dass eine multikulturelle Belegschaft – damit waren verschiedene Ethnien genauso gemeint wie Frauen und Männer – Wettbewerbsvorteile bringen kann, sofern man die unterschiedlichen Fähigkeiten zu nutzen weiß und richtig einsetzt. Man ging davon aus, dass eine Perspektivenvielfalt die Kreativität in einem Team erhöht und es daher effizienter arbeitet. Es ging dabei also darum, die sogenannten „Humanressourcen" eines Unternehmens so gut wie möglich auszuschöpfen, um dadurch mehr Gewinne zu erzielen, und nicht darum, die grundsätzliche Problematisierung der Geschlechterverhältnisse zu forcieren.

1995 wurde Gender Mainstreaming, wie oben schon erwähnt, bei der Weltfrauenkonferenz in Peking im offiziellen Schlussdokument zur politischen Richtlinie erhoben und im Amsterdamer Vertrag 1997 verankert. „Aufgabe der Gemeinschaft ist es, durch die Errichtung eines gemeinsamen Marktes und einer Wirtschafts- und Währungsunion [...] eine harmonische, ausgewogene und nachhaltige Entwicklung des Wirtschaftslebens [...] (und) die Gleichstellung von Männern und Frauen zu fördern (Art. 2, Vertrag von Amsterdam 1997)."(46)

An dieser Stelle frage ich mich, was unter einer „harmonischen, ausgewogenen und nachhaltigen Entwicklung des Wirtschaftslebens" verstanden wird? Sind Männer und Frauen dann gleichberechtigt, wenn sie gleich konsumstark sind, geht es im Leben wirklich um die Entwicklung des Wirtschaftslebens? Welchen Stellenwert hat die Gleichstellung gegenüber der Währungsunion? Denn wie Stella Jegher herausgearbeitet hat, ist die Tatsache nicht zu vernachlässigen, dass „in demselben Vertrag Ziele verankert sind, die zu diesem Ziel grundsätzlich im Widerspruch stehen – etwa jene der Wirtschafts- und Währungspolitik."(47)

4.1.2. Wohin will Gender Mainstreaming?

Evident ist, dass das Konzept Gender Mainstreaming, welches im Hintergrund von entwicklungspolitischen Entscheidungen ausgearbeitet wurde, die für Frauen des Südens mit teilweise massiven Verschlechterungen einhergingen, nur noch wenig mit der Strategie von heute zu tun hat. Es sind nicht mehr mehrheitlich die Frauenbeauftragten für die Veränderungen verantwortlich, sondern vor allem die Leute, – meist Männer –, die an der Spitze der Hierarchie angelangt sind. Das bedeutet aber gleichzeitig, dass Gender Mainstreaming heute vor allem „in Kontexten der freien Wirtschaft als betriebsinterne Strategie der Personalbewirtschaftung eingesetzt [wird], die auf die Optimierung des betrieblichen Produkts zielt."(48)

Demzufolge sollte es vor allem den Frauen ein Anliegen sein, den Weg und die differenten Zielvorstellungen von Gender Mainstreaming im Auge zu behalten, um nicht einer Strategie alle Türen zu öffnen, ohne genau zu wissen, wohin das am Ende führt, wer die GewinnerInnen und wer die VerliererInnen sein werden.

4.2. Worterklärungen

Wo kommen nun all die neuen Wörter her, und vor allem: Was bedeuten sie? Denn Gender Mainstreaming, in der Praxis angewandt, ist eine sehr vielschichtige Methode, die eine Fülle von Verfahrungsschritten benötigt, welche alle mit englischen Namen versehen wurden. Und wie Angelika Wetterer schon anmerkt: „Auch für diejenigen, die mit Gleichstellungspolitik und Gender Studies einigermaßen vertraut sind, versteht sich anfangs nichts von selbst."(49)

Susanne Schunter-Kleemann beschreibt Gender Mainstreaming als „babylonische Sprachverwirrung", bei der niemand wissen würde, was Gender Mainstreaming eigentlich ist, ein Ziel, ein Instrument oder nur eine Leitorientierung.(50)

Zudem sollte uns der Ausspruch von Barbara Nohr zu denken geben: „Die Propagierung neuer Begriffe steht selten für sich und weist meist auf inhaltlich-konzeptionelle Verschiebungen hin."(51)

In der Folge erlaube ich mir, für die nachstehenden englischen Begriffe jeweils eine freie Übersetzung anzufügen.

4.2.1. Gender Mainstreaming

Das soziale Geschlecht in den Hauptstrom bringen
Die Wortbildung „Gender Mainstreaming" geht auf die scheinbar mögliche Unterscheidung von sex und gender zurück, also auf eine Unterscheidung von biologischem bzw. physisch-körperlichem Geschlecht und psychologisch-sozial-kulturellem Geschlecht. Eine Übersetzung der Begriffe sex und gender ins Deutsche ist mit je einem Wort nicht möglich. Wo das biologische Geschlecht anfängt bzw. aufhört, ist allerdings bis heute in wissenschaftliche Diskussionen gebettet und ohne Aussicht auf eine Klärung und genaue Unterscheidung oder wenigstens auf einen breit ausgehandelten Konsens.

Gender Mainstreaming heißt, dass das „soziale Geschlecht" – was auch immer das bedeuten soll – im Mainstream sichtbar gemacht wird. Es bedeutet, dass gender überall als relevant angesehen werden sollte, auch dort, wo gender, also das soziale Geschlecht, zunächst einmal gar nicht von Bedeutung zu sein scheint. Es gilt bei Gender Mainstreaming also, die strukturellen und daher unsichtbaren Herrschaftsformen in unserer Gesellschaft aufzudecken.

Im Metzler Lexikon ist unter diesem Begriff nachzulesen: „Gender mainstreaming. Neuer Ansatz in der Geschlechtergleichstellungspolitik: Die gender-Frage soll in alle Bereiche des politischen Lebens hineingetragen und nicht nur sektoral, in Frauenabteilungen oder durch Gleichstellungskommissionen, behandelt werden. [...] G.m. [sic] soll die konventionellen Ansätze der Geschlechtergleichstellungspolitik nicht ersetzen, sondern sie ergänzen. [...] G.m. [sic] bedeutet nicht, dass Gleichstellungsstandards abgebaut und durch politische Absichtserklärungen ersetzt werden."(52)

Die genaue offizielle Definition der EU lautet: „Gender Mainstreaming besteht in der Reorganisation, Verbesserung, Entwicklung und Evaluation von Entscheidungsprozessen in allen Politikbereichen und Arbeitsbereichen einer Organisation. Das Ziel von Gender Mainstreaming ist es, in alle Entscheidungsprozesse die Perspektive des Geschlechterverhältnisses einzubeziehen und alle Entscheidungsprozesse für die Gleichstellung der Geschlechter nutzbar zu machen."(53)

• *Gender*

„Gender bezeichnet das sozial-kulturelle Geschlecht, das heißt die Art, wie wir unser Frausein oder Mannsein leben, welche Vorstellungen es prägen, welche Wertungen damit verbunden werden. In all unseren Interaktionen stellen wir unsere Geschlechtsidentität dar und bestimmen mit, was in dieser [...] Gesellschaft als 'weiblich ', was als 'männlich ' gilt."(54)

Gender ist also das, was wir tagtäglich leben, wie wir in unserer Umwelt agieren, aber auch wie wir Interaktionen wahrnehmen. Wurde „vor" Gender Mainstreaming immer nur das weibliche Geschlecht analysiert, kommen mit dieser neuen Strategie beide Geschlechter in den Blickpunkt, es sind nicht mehr die Frauen allein, über die gesprochen und deren Leben analysiert wird.

Allerdings sollte uns klar sein, dass „gender" in seiner Ausprägung für jeden etwas anderes bedeutet. Ganz abgesehen davon, dass wir uns auch fragen sollten, ob „gender", aber auch „sex" in dieser angeblichen Fasslichkeit überhaupt existiert. Dieses Problem greift auch Dorit Meyer auf, wenn sie schreibt: „Die Kategorie Gender ist keine unschuldige Begrifflichkeit, sondern aufgeladen mit politischen Bedeutungen, die sich teilweise, wenn nicht gar widersprechen, dann zumindest kaum verbinden lassen, und sie ist eine Begrifflichkeit, der persönliche Alltagsvorstellungen und individuelle Lebensgewissheiten inhärent sind."(55)

• *Mainstreaming*

Den Begriff Mainstreaming gibt es in dieser Form im Englischen gar nicht. „Mit Mainstreaming wurde ein Begriff konstruiert, der etwas in Bewegung zu bringen versucht."(56)

„Mainstreaming ist die Tätigkeitsform für das Wort Mainstream, das Hauptstrom und Selbstverständlichkeit bedeutet. Mainstreamen als Tätigkeit bezieht sich deshalb auf alle Tätigkeiten und Themengebiete, und zwar als Routine oder Selbstverständlichkeit."(57) Das Kuriose dabei ist, dass es kein Verb „to mainstream" gibt, von dem sich die Tätigkeitsform „mainstreaming" ableiten könnte.

Das Wort Mainstream erinnert an Malestream, also etwas aus männlicher Sicht sehen, sich an die gesellschaftliche Norm anpassen, und das war und ist nach wie vor in gewissen feministischen Frauenkreisen nicht angebracht.

Sich mit dem Mainstream zu verbünden war noch bis Ende der 1990 Jahre in feministischen Kreisen absolut verpönt. „*'Nur tote Fische schwimmen mit dem Strom'* war ein geflügeltes Wort."(58) (Herv. von mir)

Sich in den Mainstream unserer Kultur zu begeben setzt voraus, dass man sich auf die vorgegebenen Institutionen einlässt. Frau steht also nicht außerhalb, sondern versucht innerhalb dieses Systems etwas zu verändern, immer vorausgesetzt, diese Frauen wollen überhaupt etwas verändern. Das kann Vorteile bringen, es gibt aber auch jede Menge Nachteile.

• *Kritische Anmerkungen*

Etwas in den Mainstream bringen, wie es die Gender BefürworterInnen ausdrücken, macht sehr deutlich, worum es geht. Der Mainstream in unserer Kultur ist nach wie vor patriarchal, und es geht nicht um einen anderen Mainstream, sondern bloß um die Erweiterung bzw. Ergänzung bezüglich des Gender Themas. Wenn sich jetzt Feministinnen in diesem Mainstream bewegen, ist eine wirklich kritische Hinterfragung des Patriarchats nur mehr schwer möglich. Aber vermutlich ist es für diejenigen, die im Mainstream integriert sind, zu diesem Zeitpunkt auch nicht mehr erstrebenswert. Ich nehme also an, es geht hier nicht um Patriarchatskritik, sondern um eine Annektierung der Werte, um dadurch eben in den Mainstream zu kommen und seine Machtstrukturen auszunutzen. Dass das nur privilegierte, zumeist weiße Frauen betreffen wird, haben KritikerInnen wie Babara Nohr und andere herausgearbeitet.

„Gender Mainstreaming als an nationalstaatliche Umsetzung gebundenes Politikkonzept kann [...] nur für einen bestimmten Teil der Frauen in einer globalisierten Ökonomie greifen, den Frauen aus der ersten Welt."(59)

Ob sich, wenn genug Frauen in Männerbereiche vorgedrungen sind – und hoffentlich auch vice versa –, wirklich etwas ändert, bleibt abzuwarten. Es handelt sich erstrangig nicht um eine Kritik am derzeitigen System, sondern um eine Gleichstellungspolitik, die von einer „bedingten Chancengleichheit" ausgeht.

Unter „bedingter Chancengleichheit" ist der gleiche Zugang bei gleicher Fähigkeit und Leistung gemeint, im Gegensatz zur „repräsentativen Chancengleichheit", die sich für eine Quotierung in allen Bereichen einsetzt. Der Blick bei der „repräsentativen Chancengleichheit" ist also auf das Ergebnis gerichtet und nicht, wie bei der „bedingten Chancengleichheit", auf die Startbedingungen. „Heimlich, still und leise hat sich die durch und durch konservative und neoliberale Ansicht durchgesetzt, dass Leistung objektiv messbar sei, selbstverständlich geschlechtsneutral ist und dass sich somit *wirklich gute Frauen* von selber durchsetzen."(60) (Herv. von mir)

Außerdem sollte es uns zu denken geben, dass „der [Begriff] ‚mainstream' [...] in der wissenschaftlichen Diskussion schon mit einer klaren Bedeutung belegt [ist] und [...] sich auf die herrschende Theorie [bezieht], die ihre Sichtweisen und Paradigmen gegenüber alternativen und kritischen rücksichtslos durchsetzt."(61) Wie Christina Thürmer-Rohr schon sagte: „Dieser Mainstream ist ein erbärmliches und außerdem kein harmloses Gewässer."(62)

• *Positive Ergänzungen*
Die Geschlechterfrage kann nicht mehr als ein Frauenproblem angesehen werden, das Männer nichts angeht, sondern es werden immer beide Geschlechter angesprochen. Zumindest in den öffentlichen Ressorts werden vermehrt Sensibilisierungskurse bzw. Gendertrainings und Genderanalysen angeboten, folglich werden immer mehr Menschen über Genderkompetenz verfügen oder zumindest wissen, was damit gemeint ist. Es wird schwieriger werden, sich als Unwissende/r darzustellen, der/die von der sozialen Konstruktion der Geschlechter noch nie etwas gehört hat. Demzufolge wird zumindest theoretisch auf breiterer Basis über Geschlechterkonstruktionen nachgedacht werden.

• *Abschließende Bemerkungen*
An ein langfristiges Ziel zur Transformation der gesellschaftlichen Strukturen ist mit diesem Ansatz m. E. nicht zu denken. Es gibt einige wenige Frauen, die durch Gender Mainstreaming gewinnen, und das sind vor allem solche, welche sowieso schon in guten Positionen sind. Die meisten Frauen allerdings werden durch Gender Mainstreaming nichts dazugewinnen. Dieser Meinung ist auch Susanne Schunter Kleemann, wenn sie schreibt: „Der Gender-Mainstreaming-Ansatz tendiert dahin, das zeigen die praktischen Erfahrungen der letzten Jahre, das Problem der Machtungleichheiten auf die Teilhabe weniger Frauen an Spitzenpositionen zu verengen."(63)

Wenn in einer Stellungnahme des Ausschusses für soziale Angelegenheiten des Europäischen Parlaments steht: „Gender Mainstreaming heißt keineswegs, dass Forderungen nach Gleichberechtigung mit dem Argument abgetan werden können, die Arbeit für Gleichberechtigung sei doch bereits in allen anderen Aktivitäten enthalten"(64), dann bedeutet das doch gleichzeitig, dass dem Ansatz von Gender Mainstreaming nicht wirklich getraut werden darf. Wie sonst ist es zu erklären, dass sich beide mit Gleichberechtigung befassen, aber dass das eine vom anderen nicht abgelöst werden kann?

Die nächste Frage lautet: „Woher kommen die Finanzmittel für diese Doppelstrategie?" Denn wie Schunter-Kleemann registriert, „gibt es inzwischen eindeutige Hinweise, dass die für eine solche Doppelstrategie erforderlichen erhöhten Finanzressourcen und Stellen beinahe nirgendwo eingeplant werden. Eher häufen sich umgekehrt die Beispiele, *dass Gender Mainstreaming als Rechtfertigung für die Abschaffung spezieller Gleichberechtigungsministerien und -referate dient* und bei der Verwaltungsmodernisierung im Sinne des Prinzips schlanker Staat umgedeutet wird."(65) (Herv. von mir)

Diese Analyse gilt zwar für Deutschland, aber speziell für Österreich ist es schwierig, an Material heranzukommen. Wenn man den Ausführungen von Vera Jauk folgt, dürften die Schwierigkeiten in Österreich ähnlich gelagert sein wie in unserem Nachbarland. Sie schreibt: „Die Abgrenzung zur Frauenförderung macht noch immer Probleme, ebenso wie die Rolle der Gender Mainstreaming Beauftragten und der Frauenreferentinnen. In einigen Institutionen wurde die Umsetzung von Gender Mainstreaming wie ein natürlicher Reflex den Frauenbeauftragten übertragen..."(66)

Dies könnte, sieht man von der extremen Mehrarbeit für die einzelnen Frauen einmal ab, aber auch dazu dienen, Gender Mainstreaming als Strategie für Frauenthemen einzusetzen. Wenn man sich die verschiedenen Gender Mainstreaming Projekte in der EU genauer ansieht, passiert auch genau das.

4.2.2. Total E-Quality

Gesamte Eigenschaften
"Total E-Quality ist ein Verein in Deutschland, dessen Zustandekommen auf eine Initiative der Wirtschaft zurückgeht. Ziel des Vereins ist es, ‚die Begabungen, Fähigkeiten und Qualitäten von Frauen in Unternehmen zu fördern'," (67) und zwar ganz bewusst in Abgrenzung zur ursprünglichen Frauenförderung. Soziale oder moralische Erwägungen sind nicht inkludiert, wie die Vorstandsvorsitzende Carola Busch bekräftigt.

„Bewusst setze sich Total E-Quality vom ‚traditionellen Ansatz der Frauenförderung' ab, im Vordergrund stünde die innovative Kraft der Frauen und somit die globale Wettbewerbsfähigkeit der Unternehmen. ‚Wir brauchen die Besten', so das Fazit einer Evaluation zur Kosten-Nutzen-Analyse vom prämierten Unternehmen."(68) Wir brauchen „die Besten", und zu ergänzen wäre noch, wir nehmen nur „die Privilegierten", also jene, die es sich leisten konnten, eine Ausbildung zu absolvieren, welche es ermöglicht, überhaupt zu den Besten zu gehören.

Bestandteil dieser Förderung ist das „Total E-Quality-Prädikat", das bis zum Jahr 2002 allerdings in Deutschland nur 56 mal vergeben wurde, da es zu wenige Unternehmen gibt, die für diesen Preis in Frage kommen oder sich überhaupt dafür interessieren.(69)

4.2.3. Managing Diversity

Verschiedenheiten geschäftsführend ausnutzen
"Managing Diversity ist eine Strategie des Personalmanagements, die sich (anders als ihre Vorläufer) nicht mehr am Modell einer monokulturellen Organisation orientiert."(70) Unter einer „monokulturellen Organisation" versteht man eine Organisation, welche sich nur an einer Struktur orientiert. Im Gegensatz dazu sind bei einer „multikulturellen Organisation" die verschiedenen Ethnie Gruppen sowie Frauen und Männer gleichberechtigt integriert, um eine höhere Leistungsbereitschaft und die bessere Ausnutzung der Humanressourcen zu gewährleisten. Es ist der Grundbegriff jener Strategie, welche ich oben schon als zweiten Hintergrund von Gender Mainstreaming beschrieb und deren Wurzeln in den USA zu finden sind.

„Ziel von Managing Diversity ist es, die Vielfalt des Personals und in diesem Zusammenhang auch die Gender Diversity gezielt herzustellen und zu nutzen, statt sie durch Ausgrenzungs- und Homogenisierungsstrategien zu minimieren."(71) Es geht also – und das muss ganz deutlich gesagt werden – darum, Frauen wie auch Männer weiterhin aufgrund ihres Geschlechts bzw. der Zuschreibungen, welche an die Geschlechter oder auch an die verschiedenen Ethnien getätigt werden, einzusetzen und diese Zuschreibungen gewinnorientiert auszunutzen. Es geht darum, dass Frauen wie Männer bzw. alle Angestellten/ArbeiterInnen unabhängig von ihrem Geschlecht, ihrer Rasse, ihrem Alter oder einem sonstigen Unterschied ihre – angeblich – unterschiedlichen Potenziale voll entfalten können und dass so eine Vielfältigkeit entsteht, die für die Firma, aber auch für die/den einzelne/n MitarbeiterIn zweckdienlich ist. Durch die unterschiedlichen Potenziale sollte die Kreativität und Problemlösungskapazität eines Unternehmens erhöht werden, so dass es flexibler am Markt agieren kann.

Ein Grundgedanke ist, dass Frauen als Angestellte in Firmen die Zielgruppe der Frauen am Markt besser verstehen und die Firma somit höhere Gewinne erzielen kann, da es ihr möglich wird, Dienstleistungen kundenorientierter anzubieten oder zu produzieren.

Durch die Wertschätzung, welche den MitarbeiterInnen entgegengebracht wird, „[wächst] die Arbeitszufriedenheit [...], das fördert Kreativität, Flexibilität und Leistungsbereitschaft, was wiederum dem Output zugute kommt und die Kosten senkt."(72) Es entsteht also eine sogenannte „win-win-Situation", in der alle nur gewinnen und niemand verliert. Das Problem dabei ist, dass „Interessengegensätze zwischen Kapital und Arbeit [...] aus dieser Konzeption ebenso ausgeblendet [werden] wie verfestigte Verteilungsgerechtigkeiten zwischen den Geschlechtern."(73)

Was bei diesem Ansatz zusätzlich auffällt, ist, dass davon ausgegangen wird, „was in der Genderforschung und [in einigen] feministischen Theorien seit annähernd zehn Jahren als theoretisch und methodisch kontraproduktiv diskutiert wird und was sich zudem als empirisch höchst ungenau erwiesen hat. Es gibt sie empirisch nicht mehr, falls es sie je gegeben hat: ‚die' Frauen und ‚die' Männer."(74)

Es wird also mit einem noch nie da gewesenen Ausmaß nach den Besonderheiten von Frauen und Männern gesucht, um diese danach als kulturelles Konstrukt zu deklarieren. Wenn man jedoch bedenkt, dass jede Zuschreibung nur weiterhin die Rollenverteilung fixiert, auch wenn Zuschreibungen mit der festen Absicht und dem Willen zur Veränderung getätigt werden, wird klar, dass dieser Ansatz die zugeschriebenen Potenziale nur weiter einzementiert anstatt sie aufzuweichen. Von daher kann ich Angelika Wetterer nur zustimmen, wenn sie schreibt: „Das Differenzdilemma liegt in der Gefahr der Fortschreibung tradierter, geschlechtspezifischer Zuschreibungen und der (Re-)Aktivierung von Geschlechterstereotypen."(75) Allerdings gilt das m.E. nur mit der Einschränkung, dass diese (Re-)Aktivierung nur dann zu einem Problem wird, wenn wir weiterhin im patriarchalen und hierarchischen Denken verhaftet bleiben, in dem Zuschreibungen an die Frauen gewissermaßen die Negativfolie sind, vor der sich der Mann positiv abhebt.

Dennoch werden genau diese Unterschiede bzw. Gegensätze im Konzept von Managing Diversity genutzt, ja sogar gefördert, um möglichst das gesamte Potenzial des Unternehmens zu nutzen und den KundInnenmarkt zu erhöhen.

Es geht bei Managing Diversity, und das muss ganz deutlich gesagt werden, nicht um die Herstellung von Geschlechtergerechtigkeit, sondern um ökonomische Vorteile der Organisation, die aber als Gleichstellungsakt vermittelt wird und daher mit einer Imageverbesserung einhergeht. „Alle Potentiale in einem Unternehmen sind zugunsten des Marktes zu nutzen. So werden *Frauen* im Kontext der kulturellen Vielfalt zur *speziellen Humanressource* für das Unternehmen."(76) (Herv. von mir)

4.2.4. Gender Impact Assessment und die 3R-Methode

Geschlechtsspezifische Auswirkungen bewerten und einschätzen
Die 3R (Repräsentation = Darstellung eines Sachverhalts, Ressourcen = Mittel, Realität = Wirklichkeit) Methode
Bei Gender Impact Assessment oder Gleichstellungsverträglichkeitsprüfung werden schon im Vorfeld die positiven bzw. negativen Auswirkungen von geplanten Maßnahmen in Bezug auf die Geschlechter herausgearbeitet. Denn im Gegensatz zu der immer wieder betonten Geschlechterneutralität von verschiedenen Entscheidungen, Gesetzen etc. wurde und wird von ExpertInnen immer wieder darauf hingewiesen, dass jede Entscheidung und jedes Gesetz unterschiedliche

Auswirkungen auf Männer und Frauen hat. Gender Impact Assessment soll auf diese unreflektierte Unterstellung aufmerksam machen.

Gleichzeitig wurden und werden die real zu erwartenden Effekte, welche die existierenden Ungleichheiten weiter tradieren, herausgearbeitet. Es wird daher versucht, schon im Vorhinein die zukünftigen Situationen mit der aktuellen zu vergleichen, damit mögliche Verschlechterungen erst gar nicht entstehen können. Mit dieser Methode wird infolgedessen schon in der Entstehungsphase auf eine Gleichstellung der Geschlechter hingearbeitet und nicht erst im Nachhinein versucht, manche Nachteile durch verschiedene Förderungen aufzuheben oder wenigstens abzumildern.

Dieses in den Niederlanden entwickelte Konzept wird von Mieke Verloo folgendermaßen beschrieben: „Das Ziel eines jedweden Impact Assessments liegt darin, die potenziellen Auswirkungen neuer politischer Pläne oder Programme zu analysieren, bevor sie implementiert werden."(77)

Diese Studie ist in fünf Schritten angelegt:
1. „Beschreibung der gegenwärtigen Situation.
2. Beschreibung der wahrscheinlichen Entwicklung ohne neue Politik.
3. Beschreibung und Analyse des neuen politischen Plans.
4. Beschreibung der potenziellen Auswirkungen.
5. Evaluierung der möglichen positiven und negativen Auswirkungen."(78)

Es gibt allerdings noch einen sechsten Schritt, den Verloo erwähnt und der mir sehr wichtig erscheint. Um nicht nur in Analysen stecken zu bleiben, sollte die Entwicklung von Alternativen zur geplanten Maßnahme stattfinden.(79)

Freilich weist Verloo auch daraufhin, dass Gender Impact Assessment ein komplexes Wissen über Geschlechterbeziehungen voraussetzt, das in den wenigsten Ministerien vorhanden ist. Gleichzeitig meint sie, dass der Einsatz von Gender ExpertInnen nur empfohlen, aber nicht als Forderung formuliert werden sollte,(80) was mir widersinnig erscheint, da ja nur Gender sensibilisierte Fachkräfte ein komplexes Wissen über Geschlechterbeziehungen vorweisen und somit relevante Fragen stellen und beantworten können.

Es ist auch bei diesem Konzept eine Überzeugungsarbeit der ExpertInnen gefragt, um dieses Vorhaben überhaupt in den Mainstream einfließen lassen zu können. Dass bei solchen Verhandlungen immer wichtige Teile des ursprünglichen Konzepts entweder verändert oder ganz gestrichen werden, ist evident. Der oben erwähnte sechste Schritt, der die Entwicklung von Alternativen beinhaltet, ist so ein in den Verhandlungen wegdiskutierter Schritt. Mieke Verloo in ihren Ausführungen: „Das Beiseite lassen des sechsten Schrittes ist *das Ergebnis eines Kompromisses.*"(81) (Herv. von mir)

Die in der Überschrift erwähnte zweite Möglichkeit „der Geschlechtergerechtigkeit von Anfang an" ist die „3R-Methode". Sie kommt ursprünglich aus Schweden und wurde von der Wissenschaftlerin Gertrud Aström entwickelt. Die 3 R stehen für Repräsentation, Ressourcen und Realität. Diese drei Größen werden als Analyseinstrumente für geschlechtsspezifische Dimensionen herangezogen.

„Die 3R-Methode ermöglicht in einem Arbeitsgang von drei Schritten auf den unterschiedlichsten Gebieten Antwort auf die Frage: Wer bekommt was und zu welchen Bedingungen?"(82)

Das erste „R", also die Repräsentation, bezieht sich auf die Offenlegung des Anteils von Frauen und Männern in den einzelnen Bereichen, gibt Antwort darauf, in welcher Hierarchieebene wer zu finden ist, wie Männer bzw. Frauen in die Entscheidungsprozesse eingebunden sind und auch, wer welche Dienstleistungen in Anspruch nimmt und in welchem Ausmaß. Es ist also eine Art Bestandsaufnahme des derzeitigen Status Quo.

Das zweite „R" steht für Ressourcen. Hier wird das Erste „R" um die Information der Ressourcen und deren Verteilung ergänzt. Es „wird untersucht, wie die verschiedenen Ressourcen (Zeit, Geld, Raum) in der Behörde/ Organisation/ Abteilung verteilt und in Anspruch genommen werden."(83) Aber auch das Knowhow der einzelnen Personen ebenso wie der Zugang zu Netzwerken wird als Ressource wahrgenommen.

Während die ersten beiden "R" quantitative Variable sind, hat das dritte „R" – die Realität – eine qualitative Dimension. Die „Realität schließt sich [als] eine Analysephase an, die auf den Ergebnissen der beiden ersten aufbaut."(84) Es geht also um die Frage nach den Gründen für die Unterschiede in der Repräsentation und der Verteilung von Ressourcen zwischen Frauen und Männern. Und es geht um die Hinterfragung von Rollenbildern, von Normen und Werten, die durch die verschiedenen Strukturen geschaffen werden. Um diese Normen und Werte zu verändern, sind offene Gespräche unabdingbar.

Zita Küng verweist in ihrem Vortrag „Gender Mainstreaming versus Gleichstellungspolitik – Sackgasse oder neue Politik für Frauen" auf ein viertes und, wie mir scheint, sehr wichtiges „R" hin. Sie schreibt: „Zusätzlich zu dem schwedischen ‚R' empfehle ich ihnen noch das ‚R' für Rechte zu untersuchen, damit man auch sicher sein kann, welche Regelungen gelten."(85)

4.2.5. Top down und bottom up

Von oben nach unten und von unten nach oben
Der Unterschied zu früheren Gleichstellungskonzepten bzw. Frauenprojekten ist der, dass es sich bei Gender Mainstreaming um eine Strategie handelt, die vor allem top down – also von oben nach unten – injiziert werden soll. Das bedeutet zugleich, dass sich die Definitionsmacht verschiebt. Nicht mehr die Frauen an der Basis oder auch in der Frauenpolitik etc., sondern die Spitzen von Management

und Politik verfügen über die Definitionsmacht. Diese Strategie bezieht sich also in allererster Linie auf die Ebene der Administration und der Organisation.

„Eine der absehbaren Konsequenzen dieser Verlagerung der Definitionsmacht lässt sich schon heute anhand der impliziten Vorannahmen studieren, der beide Strategien [Managing Diversity und Gender Mainstreaming] unterlegt sind. In beiden Konzepten ist die Unterschiedlichkeit von Frauen und Männern der Dreh- und Angelpunkt aller Überlegungen."(86)

Wenn man nun davon ausgeht, dass das Erkennen von angeblich neutralen Wirklichkeiten immer überlagert ist von unbewussten Vorgängen, sollte die Frage gestattet sein, ob Männer bzw. natürlich auch Frauen in Top Positionen nicht zwangsläufig eine andere Wahrnehmung haben. Man sollte sich darüber im Klaren sein, „dass Wahrnehmung keinen in sich einheitlichen Vorgang darstellt, sondern einen interaktiven komplexen Prozess [...]."(87) Emrich geht davon aus, dass Wahrnehmungen ein Zusammenspiel von drei Komponenten sind, und zwar von den „eingehenden Sinnesdaten (,sensualistische Komponente'), der internen Konzeptualisierung (,konstruktivistische Komponente') und der internen Kontrolle (,Zensur'- bzw. ,Korrektur-Komponente')"(88), wobei ich das Augenmerk vor allem auf die letzte Komponente richten möchte, da ich denke, dass es insbesondere die Zensur ist, welche die Wahrnehmung verändert, um sie in das je passende Weltbild einfügen zu können.

Emrich meint weiter: „Bei dieser Konzeption wird angenommen, dass sich bei der Wahrnehmung sogenannte ,bottom-up'-Strategien (Komponente 1) mit sogenannten ,top-down'-Strategien (Komponente 2) überlagern. Da die von den Sinnesdaten hervorgerufene Datenlage mit den internen Konzepten in Konflikt geraten kann, ist eine dritte Komponente, eine Kontroll- bzw. Korrekturkomponente anzunehmen, die eine biologisch sinnvolle Wirklichkeitsfiktion im Sinne von Watzlawick (1981) garantiert. *Wirklichkeit wird also nicht nur formiert, produziert, generiert; sie wird auch überarbeitet, modifiziert, gewissermaßen ,geglättet'.*"(89) (Herv. von mir) „Bevor Sinnesdaten ausgewertet, interpretiert und integriert werden können, bedarf es eines ,Konzepts', eines Weltbildes, eines ,mitlaufenden Weltmodells', in das die aktuellen Sinnesdaten eingefügt werden, bzw. von dem aus sie verworfen werden können"(90).

Somit stellt sich die Frage, ob Gender Mainstreaming wirklich im Sinne einer vor allem top down Strategie implementiert werden kann. Die Weltbilder von Führungskräften in der Wirtschaft widersprechen mit einer großen Wahrscheinlichkeit denjenigen von Frauen der feministischen Basis.

Dieser Meinung ist auch Susanne Schunter-Kleemann, wenn sie schreibt: „,Die da oben' verfolgen mit Sicherheit andere Ziele mit GM als ,wir hier unten'."(91) Ebenso notiert Stella Jegher: „Dass die Ziele der in Chefetagen und Regierungen normalerweise dominierenden Männer plötzlich mit denjenigen von Feministinnen übereinstimmen sollten, ist [...] kaum zu erwarten."(92)

Es sollte uns also klar sein, dass nur top down initiiertes Gender Mainstreaming vermutlich nicht zum erhofften Ergebnis, also zur Gleichstellung der Geschlechter führen wird, wenn es nicht zumindest mit Kontrolle von außen (unabhängige Frauenbeauftragte, WissenschaftlerInnen, NGO's etc.) einhergeht. Zusätzlich zur Top-down-Strategie müssen also flankierende Maßnahmen gesetzt werden, welche diese Strategie bottom-up unterstützen. Denn „soll Gender Mainstreaming als Top-down-Strategie greifen, dann muß [sic.] sie mit Blick auf diejenigen, die diese Strategie auf welcher Ebene auch immer umsetzen sollen, durch Bottom-up-Strategie flankiert werden."(93)

Die Umsetzungsmaßnahmen müssen partizipativ gestaltet werden. „Umsetzungsschritte müssen gemeinsam geklärt werden. Information, Motivation, Impulsgebung und Qualifizierung können nicht nur in einer (hierarchisch bestimmten) Richtung laufen."(94) Denn, und auch das muss gesagt werden, auch wenn die Führungsebene von der Sache überzeugt ist, müssen auch die einzelnen AbteilungsleiterInnen und EntscheidungsträgerInnen über die geschlechtsspezifischen Auswirkungen von Entscheidungen Bescheid wissen und dieser auch positiv gegenüber stehen. Dieses Wissen muss freilich erst erlernt werden, und dabei sollte bedacht werden, dass „eine so große Personengruppe mit dieser Kompetenz zu versehen, [...] sicherlich ein langwieriger und aufwändiger Prozess [wird]"(95), wie Ruth Enggruber in ihren Ausführungen anmerkt.

- *Risiken:*

Solange durch eine Top-down-Strategie implementiert wird, besteht potenziell immer die Gefahr, dass die Ansätze der Geschlechtergerechtigkeit verwischt, verunstaltet oder überhaupt ganz einfach durch Untätigkeit ignoriert und damit zunichte gemacht werden. Solange die Hauptverantwortlichen jene Personen sind, die an der Spitze agieren, muss uns klar sein, dass gar nichts passiert, wenn die Herren und wenigen Damen es nicht wollen, wobei dieses „nicht Wollen" so gut wie nie mit einer aktiven Gegenstrategie einhergeht, sondern eher mit einer interessengeleiteten Nichtwahrnehmung. Dazu schreibt Ralf Puchert in seinen Ausführungen: „*Folgenlose Gleichstellungsbekundungen, interessensgeleitete Nichtwahrnehmung und kollektive Argumentationsmuster* ermöglichen es Männern, sich gleichzeitig als Gleichstellungsfreunde zu sehen und trotzdem nicht für Gleichstellung aktiv zu werden."(96) (Herv. von mir)

Uns sollte vielleicht auch zu denken geben, dass noch keine Revolution – und um so etwas handelt es sich bei Gender Mainstreaming, falls alle Wünsche, Bedingungen etc. berücksichtigt werden – von oben her stattgefunden hat. Warum denn auch? Da gibt es nicht wirklichen Handlungsbedarf, und selbst nimmt man sich ungern liebgewonnene Privilegien weg.

• *Chancen:*
Chancen bei diesem Ansatz sehe ich vor allem darin, dass sich die Führungskräfte – zumindest im öffentlichen Bereich – mit Gender Fragen auseinandersetzen müssen. Das heiß, es wird tendenziell schwieriger, sich hinter einem Vorhang von angeblichem „nicht Wissen" zu verstecken, wenn es um Geschlechtergerechtigkeit geht.

Außerdem können nicht mehr in der Hauptsache die Frauenbeauftragten für die Gleichstellungspolitik verantwortlich gemacht werden, sondern es ist als Querschnittsaufgabe eine Vorgabe, die auf niemanden abgewälzt werden kann. Es ist also jeder und jede für das Ergebnis mitverantwortlich.

Den Frauenbeauftragen gibt diese Strategie die Macht, dass politisch Verantwortliche die Frage nach den Auswirkungen – aller Entscheidungen – auf das Geschlechterverhältnis zu diskutieren bzw. zu klären haben. Das bedeutet nicht nur einen konkreten Machtzuwachs, sondern auch eine Erleichterung der Verantwortung, da es nicht mehr die Gleichstellungsbeauftragten sind, welche für die Förderung von Chancengleichheit verantwortlich sind. Die Aufgabe verschiebt sich also in Richtung Kontrollinstanz gegenüber den politisch Verantwortlichen.

Die Letztgenannten sind nicht nur für die Implementierung zuständig, sondern auch für die Budgetierung.

4.2.6. Gender Budgeting

Die Haushaltsplanung geschlechtergerecht aufarbeiten
Gender Budgeting oder auch Engendering Budgets wird oft auch als „Herzstück" von Gender Mainstreaming bezeichnet. Denn ohne Finanzierung ist jede Gleichstellungsinitiative soviel wert wie das Papier, auf das sie geschrieben wurde, oder anders ausgedrückt: „Gender Mainstreaming ohne eine vertiefte Analyse von Budgets aus der Geschlechterperspektive bleibt Stückwerk."(97) So oder so „Die Realisierung politisch zugesicherter Maßnahmen zur Gleichstellung der Geschlechter hängt letztendlich von der entsprechenden finanziellen Ressourcenausstattung ab."(98) Dem möchte ich hinzufügen, dass nicht nur die finanziellen Aspekte in Betracht gezogen werden sollten, sondern auch die Grundüberzeugung, die jemand hat oder eben nicht hat, denn davon wird abhängig sein, was realisiert wird und was keine Beachtung finden wird.

Wenn man die oben angeführten Zitate ernst nimmt, lässt die österreichische Perspektive nicht wirklich hoffen, denn Vera Jauk schreibt: „*Langfristiges Ziel* sollte es auch sein, *Gender Budgeting*, also die Anwendung von Gender Mainstreaming Kriterien, im Budgetierungsprozess in Österreich *zumindest anzudenken*, und erste Erfahrungen dazu in Form von Veranstaltungen, Pilotprojekten oder ähnlichen Initiativen zu gewinnen."(99) (Herv. von mir) (Wenn wir es aber nur „andenken" und dieses „Andenken" auch nur im Konjunktiv angestrebt wird, ist es m.E. fraglich, ob sich in nächster Zeit etwas ändern wird.)

Beim Gender Budgeting geht es vornehmlich darum, das gesamte Staatsbudget zu analysieren, um herauszufiltern, welche Auswirkungen auf Frauen bzw. Männer zu erwarten sind. Das Budget wird also um die Geschlechterperspektive erweitert. Ferner wird auch darauf geachtet, welche Vorteile bzw. Nachteile das Budget den Niedriglohngruppen bringt und welche die BesserverdienerInnen zu erwarten haben. Der Grundgedanke ist, dass Budgetentscheidungen Auswirkungen auf die Gesellschaft und somit auch Konsequenzen für das Geschlechterverhältnis haben. Es handelt sich bei dieser Vorgehensweise also nicht um ein spezielles Frauenbudget, sondern es geht um den gesamten Staatshaushalt, also um eine geschlechterspezifische Budgetanalyse quer durch alle Ressorts.

„Gender Budgeting ist theoretisch verankert in einer kritischen Analyse der herrschenden ökonomischen Theorien und wirtschaftspolitischen Paradigmen. Deren angebliche Genderneutralität stellt sich als Genderblindheit heraus, welche die spezifische Rolle von Frauen in der Wirtschaft und somit auch deren Beträge leugnet."(100)

Dadurch, dass die Reproduktionsarbeit, welche zum größten Teil von Frauen geleistet wird, nirgends aufscheint, sie aber nichtsdestotrotz einen riesigen Anteil an der Makroökonomie hat, kommt es zu verkürzten wirtschaftspolitischen Entscheidungen. Diese verkürzte Sichtweise aufzudecken und die Wechselwirkung zwischen Makroökonomie und der Versorgungsökonomie nachzuweisen, ist eines der Ziele von Gender Budgetanalysen.

„Heute sind sich Gender-Budget-Fachfrauen einig, dass als Auswirkungskriterium die unbezahlte Arbeit und/oder die Care-economy in Betracht gezogen werden muss. Sobald eines dieser Kriterien eingeführt wird, wird ein elementares theoretisches Konzept der neoklassischen Wirtschaftstheorie durchbrochen, die Vorstellung nämlich, dass außerhalb von Wirtschaft und Staat nur konsumiert wird und nicht ökonomische Leistungen erbracht werden, die für die Wohlfahrt der Menschen wichtig sind."(101)

Bei dieser Analyse gibt es verschiedene Vorgehensweisen. Wenn es um die Ausgabenseite geht, wird zwischen drei Ausgabentypen unterschieden, die sich an dem australischen „Women's Budget" orientieren:

1. Ausgaben für Projekte, die im Speziellen für Frauen und Mädchen vorgesehen sind,
2. Ausgaben für Maßnahmen zur Gleichstellung der Geschlechter im öffentlichen Sektor und
3. die Gesamtausgaben aller Ministerien, also jener Teil, der auf den ersten Blick als geschlechtsneutral gilt.

Die geschlechtsspezifischen Auswirkungen dieses Teils zu analysieren ist eine der Hauptaufgaben von Gender Budgeting.(102)

Es geht also nicht vordringlich um eine gleiche Zuteilung der Finanzmittel, sondern zu aller erst um die Auswirkungen, welche dieses Budget auf die Gesellschaft hat. Darüber hinaus sollte durch Initiativen die Einbeziehung von NGOs, aber auch von interessierten BürgerInnen ermöglicht werden. Infolgedessen wäre das Budget grundsätzlich transparenter, da die Zahlen für jede/n zugänglich sein würden.

• *Beispiel Australien*
Australien führte 1984 als erstes Land das sogenannte „Women's Budget" ein, das von staatlichen Gleichstellungsbüros organisiert und koordiniert wurde. Dieses „Women's Budget" hatte drei Ziele:
1. „Aufmerksamkeit für die genderspezifischen Auswirkungen der Budgets und Politiken zu schaffen;
2. die Regierung zur Rechenschaft über ihre Zusagen im Bereich von Gendergleichstellung zu verpflichten;
3. Veränderungen bei Politiken und Budget im Sinne einer Verbesserung der sozialen und wirtschaftlichen Stellung von Frauen und mehr Gendergleichstellung zu erreichen."(103)

Die Ergebnisse wurden jährlich in Form eines Reports veröffentlicht. Der Vorteil, dass dieses „Women's Budget" regierungsintern initiiert und daher von Anfang an sehr ernst genommen wurde, erwies sich als Nachteil, als es Mitte der 1990er Jahre zu einem Regierungswechsel kam. Denn die neue konservative Regierung unterstützte dieses Konzept nicht. Da es kein Lobbying von außen gab, wurde diesem Projekt nach dem Regierungswechsel das Budget gestrichen, und das, obwohl die *„Ausgaben zur Zeit der ‚Frauenbudgets' maximal ein Prozent der gesamten Staatsausgaben* aus[machten]."(104) (Herv. von mir)

Spätestens bei den Analysen des Gender Budgets sollte klar werden, dass Regierungsinitiativen in Sachen Gender Budgeting immer wieder Denkanstösse von außen, z.B. von den NGO's brauchen, um auch sicherzustellen, dass sich die RegierungsbeamtInnen jenen Fragen und Antworten widmen, die nötig sind, um längerfristige Veränderungen zu initiieren. „Es braucht laufendes Monitoring von außen, um zu verhindern, dass die Initiative ‚gezähmt' wird und das analytische Instrumentarium auf eine Public Relations-Übung der Regierung reduziert wird. Der Druck von außen ist auch notwendig, damit das Women's Budget nicht nach Belieben von einer Partei beendet werden kann."(105)

4.2.7. Genderkompetenz

Geschlechter vielschichtig verstehen lernen
„Genderwissen und Genderkompetenz sind das A und O für Gender Mainstreaming."(106)
   Damit Gender Mainstreaming überhaupt wirksam integriert werden kann, ist es nötig, allen Führungskräften und MitarbeiterInnen Genderkompetenz zu vermitteln. Dabei ist die Frage zu klären, was unter Genderkompetenz zu verstehen ist, um gleich darauf die Qualitätskriterien zu hinterfragen, durch die man erkennen sollte, dass jemand wirklich über Genderkompetenz verfügt.
   Eine mögliche Definition ist: „Genderkompetenz bedeutet die Fähigkeit, die eigenen Fachinhalte und das eigene Arbeitsgebiet mit geschlechterpolitischen Dimensionen zu ‚durchweben'."(107) Es geht also darum, einen kritischen Geschlechterblick zu entwickeln, welcher hilft, geschlechtshierarchische Verhältnisse besser und schneller zu erkennen und das Potenzial zu vermitteln, aus dieser Erkenntnis heraus Handlungen abzuleiten, um diese Verhältnisse in Richtung Geschlechtergerechtigkeit voranzubringen.
   Um Genderkompetenz lehren zu können, sollte man über die historische Bedingtheit heutiger Geschlechterverhältnisse und über geschlechtsspezifische Stärken und Defizite Bescheid wissen. Eine andauernde Hinterfragung von traditionellen Sichtweisen ist ebenso von Bedeutung wie eine persönliche Auseinandersetzung mit der Thematik Genderkompetenz. Das Wissen über die Konstruktion des Geschlechts bzw. der Geschlechterrollen sollte reflektiert und erweitert werden. Es sollte die Fähigkeit geschult werden, in der Kommunikation das Geschlecht als soziale Kategorie wahrzunehmen und es nicht als biologisches Fixum zu betrachten.
   Gender wird auch in verbalen und visuellen Bildern beständig hergestellt. „Das bewusste Lesen von Bildern [ist] ein wichtiger Teil der Genderkompetenz. Diese kommt beim Lesen von Büchern genauso zum Zug wie bei Plakaten, Songs, Filmen, Lehrbuchtexten oder Werken der bildenden Kunst – überall, wo Sprachbilder und Bildsprache uns begegnen."(108) Es geht also darum, unsere gesamte Umwelt immer wieder zu hinterfragen, auf jede Art von gesellschaftlicher Artikulation sensibel zu reagieren und nichts einfach unhinterfragt stehen lassen bzw. als Faktum zu betrachten.
   „Genderkompetenz entsteht auf der persönlichen Ebene durch das Stärken von Selbstreflexion und durch die sensible Gestaltung von Geschlechterbeziehungen [...]. Auf der strukturellen Ebene meint Genderkompetenz die sensible Gestaltung von Geschlechterbeziehungen in der Organisation, [...]."(109)
   Wer über fundierte Genderkompetenz verfügt, ist qualifiziert, geschlechtsbezogene Analysen in Organisationen durchzuführen, weil er/sie gelernt hat,

komplexe Strukturen der Geschlechterverhältnisse zu erkennen und praktisch damit zu arbeiten.

Ein geeignetes Mittel, um sich Genderkompetenz gründlich anzueignen, wäre es, ein Studium über „Kritische Geschlechter und Sozialforschung" zu absolvieren. Eine zweite, eindeutig kürzere, aber auch ganz sicher weniger fundierte Möglichkeit besteht darin, ein oder mehrere Gendertrainings zu absolvieren, wobei es dabei m.E. sinnvoll wäre, diese Trainings bei verschiedenen TrainerInnen abzulegen, da dadurch immer wieder neue Impulse vermittelt werden.

4.2.8. Gendertraining

Empfindsam machen für die Geschlechterzuschreibungen
Bei einem Gendertraining sollte es vor allem darauf ankommen, für Geschlechterfragen sensibilisiert zu werden, indem das Gewohnte bewusst in Frage gestellt wird. Es sollte eine Auseinandersetzung mit den eigenen Geschlechterbildern angeregt und begleitet werden. Zum anderen kann man es natürlich auch als Fortbildungsmaßnahme sehen, welche die Beteiligten befähigt, methodisch besser mit genderspezifischen Gesichtspunkten umzugehen und dadurch einen Wettbewerbsvorteil gegenüber anderen Betrieben zu haben. Außerdem sind so, wenn man es in Bezug auf Non-Profit Organisationen wie z.B. die Jugendarbeit, aber auch auf viele andere zivilgesellschaftliche Organisationen sieht, bessere und m.E. ehrlichere Zugangsmöglichkeiten möglich.

Männer und Frauen werden bei solchen Veranstaltungen durch verschiedene Übungen darauf sensibilisiert, das jeweils andere Geschlecht in einem von Vorurteilen befreiten Licht zu sehen. Ein weiteres Ziel ist das Sichtbarmachen von ökonomischer, aber auch politischer Ungleichheit, also ein Bewusstmachen, dass es strukturelle Ungleichheiten gibt, welche auf den ersten Blick nicht sichtbar sind.

Gendertrainings sollen zu mehr Geschlechtergerechtigkeit und folglich zu einem demokratischen Geschlechterverhältnis beitragen, und sie sollten die Dialogfähigkeit zwischen den Geschlechtern erhöhen. Es sind also nicht nur Sensibilisierungsworkshops, um die eigene Geschlechterrolle und individuelle Handlungsmuster zu hinterfragen und transparent zu machen, sondern sie sollten auch als Weiterbildungsmöglichkeit gesehen werden, um einen Veränderungsprozess in Richtung Geschlechtergerechtigkeit in Gang zu setzen. „Durch Gendertraining werden die Mitarbeitenden in die Lage versetzt, Genderperspektiven und Ergebnisse und Erfahrungen genderbezogener Forschung, Beratung und Bildung in die eigene fachliche und berufliche Arbeit konsequent einzubeziehen."(110)

Allerdings besteht bei diesen Gendertrainings, die den Fokus immer nur auf die Geschlechterdualismen reduzieren, permanent die Gefahr, dass sie andere Machtbeziehungen und Ausgrenzungskategorien völlig ignorieren. Auf diese Weise findet eine extreme Reduzierung der derzeitigen hierarchisch aufgebauten Gesellschaft auf zwei Elemente – Mann und Frau – statt. Ein weiteres Problem ist darin zu sehen, dass, wie schon im Kapitel über Managing Diversity angesprochen, die große Gefahr besteht, Stereotypen, indem sie immer wieder thematisiert werden, womöglich zu verstärken, anstatt sie zum Verschwinden zu bringen.

4.2.8.1. Welche Elemente enthält ein Gendertraining?

Wie so ein Gendertraining aussehen kann bzw. welche Bausteine es enthalten sollte, möchte ich anhand des Buches „Salto, Rolle, Pflicht und Kür"(111) und des Artikels „Genderkompetenz durch Gendertraining"(112) erläutern. Gleichzeitig werde ich eigene Erfahrungen, die ich bei einem eintägigen, im November 2003 in St. Arbogast (Vorarlberg, Österreich) absolvierten Gendertraining machte, nicht unerwähnt lassen.

Der Aufbau von Gendertraining beinhaltet zumeist drei Elemente. Da wäre zuerst die Sensibilisierungsphase zu nennen, in der vor allem deutlich gemacht werden sollte, dass Geschlechterrollen von jedem/r interaktiv hergestellt werden und nicht biologisch fixiert sind. Das wird insbesondere durch Perspektivenwechsel ermöglicht.

Danach sollten durch einen theoretischen Input Analyseinstrumente vorgestellt werden, mit denen es möglich ist, die Perspektive von beiden Geschlechtern miteinzubeziehen, um so eine geschlechtergerechte Auswirkungsüberprüfung machen zu können. Bei diesem Schritt wird meist auch Gender Mainstreaming genauer erläutert. Ferner könnte mit einem Genderanalysebogen gearbeitet oder z.B. die 3-R-Methode genauer kommentiert werden. Das Gender Impact Assessment oder die Genderbudgetanalyse wären weitere Schritte dieser Theorieeinheit.

Zum Schluss kann dann noch in einem handlungsorientierten Teil das eigene Arbeitsfeld mit Hilfe des soeben Gelernten kritisch hinterfragt werden. Durch Checklisten, welche mit den TeilnehmerInnen gemeinsam entwickelt werden, ist auch eine Konkretisierung in Bezug auf das eigene Arbeitsfeld möglich. Dem sollte allerdings auch eine Selbstverpflichtung in Form von Zielvereinbarungen folgen.

Das Buch „Salto, Rolle, Pflicht und Kür" ist genau in diese drei Bereiche zuzüglich Unterkapitel eingeteilt. Es ist anhand von teilweise losen Arbeitsblättern möglich, einzelne Übungen herauszunehmen und so eine eigene Einteilung vorzunehmen. Außerdem werden bei jedem Kapitel didaktische Hinweise für den Gebrauch der einzelnen Übungen sowie Denkanstösse gegeben.

Der erste Teil enthält Impulsübungen. Damit sollte das Interesse für das Thema Gender Mainstreaming geweckt werden. Es sind Impulsfragen, Biografiearbeit,

Schulung der Wahrnehmung und Denkanstöße, die das Thema Gender betreffen. Bei den Impulsarbeiten wird teilweise mit Bildern und Comics gearbeitet, um das Geschlechterverhältnis auch visuell zu erarbeiten. Es wird aber nicht hinterfragt, inwieweit solche Impulsfragen nicht schon wieder ein „doing gender" bewirken. Was sollen sie bewirken? Was bewirken sie wirklich? Und vor allem: Wie würden solche Fragen in einem anderen Kontext beantwortet werden? Solche Fragestellungen bzw. Problemanalysen werden großteils vermieden bzw. nur im Biografieteil ansatzweise gestellt.

Bei der Biografiearbeit geht es vor allem um eine vertiefende persönliche Beschäftigung mit dem Thema Gender. Bei der Wahrnehmung wird vorzugsweise in Kleingruppen gearbeitet, und zwar mit verschiedenen Zieldefinitionen wie z.B. „Bewusst machen von Annahmen über Mädchen und Jungen und ihre Chancen"(113) oder „sich bewusst werden, wie offen Sprache ist und dass wir Situationen und Äußerungen interpretieren (müssen).''(114) Das letzte Kapitel des ersten Teils enthält Denkanstöße. „Teils provozierende Anekdoten, Statements, Thesen [...][sollen] zum Denken und Diskutieren anregen."(115)

Im zweiten Teil geht es ausschließlich um theoretisches Basiswissen, das für einen vertiefenden Einstieg in die Thematik sorgen sollte. Themen sind unter anderem die historischen Zusammenhänge der derzeitigen Geschlechterverhältnisse, aber auch die Beschäftigungsstruktur, und dabei nicht unerheblich das durchschnittliche Lohnniveau von Frauen und Männern. Es wird auch die unterschiedliche Kommunikation, verbal genauso wie nonverbal, erläutert. Auch die androzentrische Sprache, die Frauen meist nur mitmeint, aber selten direkt anspricht, wird genauer analysiert.

„Was uns in der Sprache begegnet, prägt unser Denken und Handeln, unser Welt- und Menschenbild. [....] In patriarchal geprägten Gesellschaften ist das Sprachsystem entsprechend der gesellschaftlichen Machtverteilung *asymmetrisch zu Gunsten der Männer*."(116) (Herv. im Original)

Der letzte Teil enthält nur noch Fallbeispiele die zeigen sollten, wie man mit praxisbezogenen Beispielen arbeiten könnte.

Was nun den persönlich erlebten Teil in St. Arbogast betrifft, wurde genau nach dieser Einteilung vorgegangen. Da bei allen TeilnehmerInnen schon einschlägiges Wissen über Gender Mainstreaming vorhanden war, wurde der theoretische Teil eher kurz gehalten.

Wenn es um Unterschiede ging, wurde ausnahmslos auf die Unterschiede von Mann und Frau fokussiert, wobei für mich nie wirklich klar wurde, was denn das nun genau für Unterschiede sind und wie diese aussehen. Es wurde *nur* auf einer heterosexuellen Basis gearbeitet, ohne zumindest ansatzweise auch homosexuelle Beziehungen oder Zuschreibungen, die an verschiedenen Ethniegruppen oder aber auch sozial Randständige etc. gemacht werden, ebenso zu hinterfragen. Unterschiede wurden also speziell auf Frauen und Männer, welche in unserem

Kulturkreis kultiviert worden sind, fokussiert, wie es vermutlich in den meisten Gendertrainings üblich ist. Es wurde nicht hinterfragt, ob diese Vorgehensweise nicht schon wieder *doing gender* beinhaltet und welche Unterschiede – seien es z.B. soziale, altersabhängige oder die Ethnizität betreffende – die Menschen noch konstruieren, um die Gesellschaft in einzelne Gruppen einzuteilen und Hierarchien aufrechtzuerhalten.

Um die Praxis der einzelnen TeilnehmerInnen auch miteinzubeziehen, wurde mit einem Genderanalysebogen des Sozialwissenschaftlichen Instituts Tübingen gearbeitet. Dieser Genderanalysebogen enthielt unter anderem Fragen darüber, welche Relevanz in den einzelnen Betrieben Normen und Werte oder Macht und Strukturen haben, aber auch die Ressourcenverteilung, die Anerkennung und Bezahlung wurden zum Thema gemacht.

Allerdings war die Zeit von nur einem Tag viel zu kurz, um sich eingehender mit diesen Fragen und insbesondere der Auswertung zu beschäftigen.

4.2.8.2. Mögliche Hemmnisse bei der Durchführung von Gendertrainings

Falls wirklich in allen öffentlichen Ressorts Gendertrainings durchgeführt werden würden, wäre das ein Arbeitsaufwand, der vermutlich nicht nur deswegen kaum zu bewältigen wäre, weil zuerst einmal genug Gender TrainerInnen zur Verfügung stehen müssten, um die Sensibilisierung einzuleiten, sondern auch, weil es mit einen immensen finanziellen und zeitlichen Mehraufwand einhergehen würde. Wenn man davon ausgeht, dass Gendertrainings erst zu greifen beginnen, wenn mindestens drei Tage dafür veranschlagt werden, kann man sich diesen Zeitaufwand und die finanziellen Ausgaben, die in keinem Budget aufscheinen, ausrechnen.

Zudem wird es für den Erfolg von Gender Mainstreaming wesentlich sein, wie sich die sensibilisierten Führungskräfte verhalten und ob das im Gender-Training vermittelte Wissen auch ernst genommen und angewandt wird.

Da eines der Hauptthemen die Top-Down-Strategie ist, wird es ohne ein Engagement in der Führungsebene keinen wirksamen Erfolg zu verzeichnen geben. Das heißt im Klartext: Bei noch so vielen Sensibilisierungskursen und Gender-Trainings ist es immer noch vom/von der jeweiligen Verantwortlichen abhängig, inwieweit er/sie sich auf dieses Themenfeld einlässt und was er/sie für wichtig erachtet.

Eine weitere Schwierigkeit liegt darin, dass es keine vorgeschriebenen und verpflichtenden Kriterien gibt, was ein gutes/fundiertes Gender-Training ausmacht, was es beinhalten und wie es aufgebaut werden sollte.

Es wird zwar immer wieder von den drei Bausteinen gesprochen, die da lauten:
- die Sensibilisierungsphase,
- der inhaltliche Input und
- der handlungsorientierte Teil.

Wie diese einzelnen Bausteine gefüllt werden bzw. ob sie überhaupt zur Anwendung kommen, liegt allerdings bei der/dem verantwortlichen GendertrainerIn. Aus diesem Grunde denkt man in der Zwischenzeit über die Einführung von Gender-Controllings nach, um die Effektivität zu überprüfen. Es ist allerdings offen, wer diese Controllings durchführen wird, sofern sie überhaupt eingeführt werden. Auch die Frage danach, was und wie geprüft werden soll und ob es Sanktionen nach sich zieht, wenn klar wird, dass das Gendertraining nicht ordnungsgemäß durchgeführt wurde, ist völlig unklar. Und da wäre zusätzlich noch zu klären, was überhaupt in welcher Zeitspanne machbar und zumutbar ist. Denn was mit sehr engagierten Männern und Frauen, welche im Bezug auf Gender-Fragen schon sensibilisiert sind, möglicherweise in einen Tag zu erarbeiten ist, dauert mit weniger motivierten Leuten, welche auf kein Vorwissen bezüglich Gender-Fragen zurückgreifen können, sicher um einiges länger.

Grundsätzlich gilt: „Durch Gendertraining werden die Mitarbeitenden in die Lage versetzt, Genderperspektiven und Ergebnisse und Erfahrungen genderbezogener Forschung, Beratung und Bildung in die eigene fachliche und berufliche Arbeit konsequent einzubeziehen."(117)

Dass mehr Wissen über die Geschlechterfrage gleichzeitig zu verändertem Verhalten führt, ist m.E. allerdings ein Wunschdenken, das an anderer Stelle (unter anderem im Kapitel 3.2.5.) schon diskutiert worden ist. Denn „diese Aktivitäten [Informationsveranstaltungen, Fortbildungen und Gender-Trainings] sind notwendig, schaffen aber sicherlich allein keine hinreichenden Voraussetzungen für eine tatsächliche Umsetzung von Gender Mainstreaming bei den Fachaufgaben."(118) Diese Zweifel kommen nicht etwa von einem/r GenderkritikerIn, sondern von einer Befürworterin dieser Strategie.

4.2.9. Genderanalyse

Systematische Untersuchung von Geschlecht und deren Auswirkung
Obwohl dieser Bereich von mir als letzter bearbeitet wird, ist er einer der wichtigsten bzw. umfassendsten. Eine Genderanalyse kann man als Gesamtpaket von den vorher beschriebenen Teilaspekten beschreiben.

Ohne ein hohes Maß an Genderkompetenz, welches man sich unter anderem in Gendertrainings aneignen kann, ist eine Genderanalyse undenkbar. Aber auch diese beiden Komponenten alleine reichen nicht aus, um eine Veränderung in die

Wege zu leiten. Dazu sind genügend Finanzmittel genauso wichtig wie ein ausdrückliches Bekenntnis zu Gender Mainstreaming in der Führungsebene.

Außerdem ist „die Klärung des Genderbegriffs [...] von zentraler Bedeutung für jede Gender Analyse. Geschlechterkonzepte, die Geschlecht als je individuelles, biologisch verankertes Merkmal begreifen, legitimieren die Geschlechterdifferenzen und halten sie für politisch nicht veränderbar, sie können keine Gender Analyse leisten,"(119) schreibt Barbara Stiegler. Damit negiert sie die Möglichkeit, dass auch eine neue Bewertung des biologischen Geschlechts eine Veränderung denkbar machen würden. Denn, wie schon im Kapitel 3.2. erörtert, nicht nur die Bipolarität unseres Denkens in männliches und weibliches, sondern vor allem die Hierarchisierung dieser beiden Pole in höher und nieder bewertete Kategorien ist zu hinterfragen.

Um eine folgerichtige Gender Analyse in einer Organisation durchführen zu können, ist eine genau analysierte Auswirkungsüberprüfung notwendig – etwa durch Gender Impact Assessment oder auch durch die 3R-Methode, damit eine sinnvoll strukturierte Planung möglich wird.

Eine solche Auswirkungsüberprüfung ist allerdings nur möglich, wenn einleitend eine geschlechtsspezifische Datenerhebung durchgeführt wurde, wobei anzumerken ist, dass eine Differenzierung nur zwischen den Geschlechtern nicht wirklich zielführend sein wird. Auch das Alter, die ethnische Zugehörigkeit, die familiäre Situation, die Infrastruktur der Wohn- bzw. Arbeitsumgebung, die Wohnsituation oder der finanzielle Status etc. haben Auswirkungen, welche nicht unterschätzt werden dürfen, da die Lebensbedingungen durch soziokulturelle Faktoren mitbestimmt und geprägt werden.

Nichtsdestotrotz reichen selbst die besten Absichten und sinnvollsten Entscheidungen alleine nicht aus, um Veränderungen möglich zu machen. Da Umgestaltung nur durch aktives Handeln Wirklichkeit werden kann, braucht man Menschen, die überzeugt sind, dass diese Veränderungen sich im weiteren Verlauf auch auf ihr Leben positiv auswirken. Im Gendertraining wird versucht, dieses Bewusstsein zu stärken bzw. überhaupt erst einmal zu initiieren. Welche Schwerpunkte diese Gendertrainings in den einzelnen Organisationen bzw. Betrieben haben werden, wird sich sinnvoller Weise auf die vorherige Genderanalyse beziehen.

Eine Genderanalyse sollte geschlechtshierarchische Strukturen mittels Gender Perspektive sichtbar machen. Durch die Gender Perspektive wird der Blick auf die Bedingungen gerichtet, welche die geschlechtshierarchischen Verhältnisse immer wieder von neuem herstellt. Denn auch wenn es im rechtlichen Kodex keine Diskriminierungen aufgrund des Geschlechts mehr gibt, hinkt die gesellschaftliche Wirklichkeit dem geschriebenen Recht hinterher. Denn erstens ist das Geschlecht noch immer eines der größten Ordnungsfaktoren in unserer Gesellschaft, und zweitens wird bei politischen Entscheidungen nach wie vor von objektiven

Verordnungen gesprochen, obwohl sie bei genauerem Hinsehen unterschiedliche Auswirkungen auf die Geschlechter haben. Es geht also unter anderem um den Nachweis der strukturellen Diskriminierung, dem auch dann Gültigkeit zukommt, wenn sich einzelne Personen nicht diskriminiert fühlen.

Eines sollte uns jedenfalls klar sein: Nicht die theoretisch verordneten Maßnahmen wie z.B. die Formulierung von geschlechtersensiblen Standards oder die Erstellung und Auswertung von geschlechterspezifischen Statistiken und auch nicht ein durchgeführtes Gendertraining führen uns in eine geschlechtergerechtere Zukunft. Nur wenn an die Theorie angeschlossen geschlechterpolitische Zielsetzungen formuliert werden und aus diesen praktische Taten hervorgehen, wenn Frauen wie Männer an der Veränderung beteiligt und vor allem auch von der Zielsetzung überzeugt sind, kann sich auf Dauer durch die Anwendung der Strategie „Gender Mainstreaming" etwas ändern.

5. Das Abenteuer Gender Mainstreaming

> *„Ein Urteil darüber, welche Phänomene einer Erforschung wert sind, welche Ergebnisse signifikant sind – wie auch die Entscheidung, welche Theorien oder Beschreibungen dieser Phänomene die angemessensten, befriedigendsten, sinnvollsten und eben zuverlässigsten sind –, hängt entscheidend von den sozialen, sprachlichen und wissenschaftlichen Praktiken derjenigen ab, die dieses Urteil fällen."* (120)

In diesem Abschnitt möchte ich mich mit den Möglichkeiten und den Risikofaktoren der Strategie des „Gender Mainstreaming" näher beschäftigen, einer Strategie, die m.E. schon alleine dadurch zum Abenteuer wird, weil sie inhaltsleer ist, weil sie außer Geschlechtergerechtigkeit keine genauen Zielvorgaben beinhaltet und sich außerdem aus mehreren Strategien zusammensetzt. Es wird also immer darauf ankommen, wer welche Definitionen in dieses Konzept hineininterpretiert, von welchem Genderkonzept ausgegangen wird und welche Zielvereinbarungen getroffen oder eben nicht getroffen werden.

Bis jetzt waren es mehrheitlich Frauen, die sich für die Geschlechtergerechtigkeit und Frauenförderung stark gemacht haben. Mit dem Ansatz von Gender Mainstreaming soll das nun anders werden, Männer sollen vermehrt „mit ins Boot geholt" werden (121) – eine Metapher, die nicht nur in einigen Artikeln immer wieder zu lesen ist, sondern auch bei den Tagungen und im Gendertraining wiederholt verwendet wurde. Was vorher als Verantwortung von Frauen gewertet wurde, sollte jetzt zur Gemeinschaftsaufgabe von Frauen und Männern werden. Ein Abenteuer für beide Geschlechter. Fürwahr.

Die Hauptfrage lautet: Kann Gender Mainstreaming als eine Methode angesehen werden, die eine Veränderung der Geschlechter hin zu mehr Geschlechtergerechtigkeit einleitet, und wenn ja, welche Voraussetzungen wären dafür notwendig?

Um diese Voraussetzungen herauszufiltern, werde ich mich den Hintergründen von Gender Mainstreaming annähern und die immer wieder hervorgehobene Querschnittspolitik und auch die Prozesshaftigkeit von Gender Mainstreaming näher betrachten. Ich werde den Fragen nachgehen, wie sich dieses Konzept von der traditionellen Frauenpolitik abhebt und welche Möglichkeiten, aber auch Fallstricke dieses Konzept beinhaltet.

5.1. Die pragmatischen Hintergründe von Gender Mainstreaming

Durch Gender Mainstreaming sollen Geschlechterfragen zum integralen Bestandteil von politischen, aber auch wirtschaftlichen Entscheidungen von Organisationen werden. Es ist ein Prinzip, das Entscheidungsprozesse von Organisationen verändert, indem es von Anfang an den Aspekt des Geschlechterverhältnisses sichtbar macht. Dabei geht es nicht mehr nur um die Kategorie Frau, sondern um die Rahmenbedingungen, welche für die bestehenden Geschlechterverhältnisse verantwortlich zeichnen.

Es ist eine Strategie, die schon im Planungsstadium die Auswirkungen auf die Geschlechter berücksichtigt. Sie ist daher insofern präventiv, als Diskriminierungen gar nicht mehr aufkommen können, weil sie von Anfang an für eine ausgewogene Beteiligung von Frauen und Männern in allen Entscheidungsebenen sorgen sollte. Falls diese Strategie wirklich ernsthaft angewendet wird, werden sich die gesellschaftlichen und vor allem die politischen Entscheidungsstrukturen verändern.

Gender Mainstreaming ist jedoch nicht per se mit einer bestimmten geschlechterpolitischen Zielsetzung verbunden, sondern es sorgt nur dafür, dass solche Zielsetzungen ausdiskutiert und infolgedessen auch sichtbar gemacht werden.

Beim Konzept von Gender Mainstreaming spricht man immer wieder von Chancengleichheit oder auch Geschlechtergleichstellung, die nicht nur politisch angestrebt wird, sondern auch wirtschaftlich notwendig ist. Dabei geht es also nicht oder zumindest nicht vordringlich um Gleichstellung, sondern um die völlige Ausnutzung aller Potentiale bzw. menschlichen Ressourcen, um einen möglichst hohen Gewinn zu erzielen. So wie es scheint, ist es nicht nur den GegnerInnen, sondern auch den BefürworterInnen von Gender Mainstreaming klar, dass es „eher der Not gehorchend und nicht als oberste Priorität"(122) gesehen wird, Geschlechtergleichstellung zu propagieren.

Dazu zwei Aussagen von Gender Mainstreaming Befürworterinnen: „Zentraler ist die Erkenntnis, dass das Potential weiblicher Beschäftigter genutzt werden muss, um langfristig konkurrenzfähig zu bleiben. [...] Unternehmen sind aufgrund des immer schärfer werdenden Wettbewerbs gezwungen, alle erreichbaren *menschlichen Ressourcen und Potentiale zu erschließen* und voll zu entfalten"(123). (Herv. von mir) „Im Gegensatz zur Rhetorik von Gender Mainstreaming gilt ‚Gleichbehandlung' in der Praxis als lange nicht so überzeugendes Argument für die Integration von Gleichstellungs-angelegenheiten in Strukturfondsprogrammen wie Effizienz und Effektivität."(124)

Dies sollte uns doch zu denken geben, denn das ist ja eigentlich nichts Neues. Es ist nicht das erste Mal, dass Frauen in eine sogenannte Männerdomäne integriert werden, indem man vor allem darauf schaut, dass Vereinbarkeit von Familie und Beruf möglich wird. Das passiert vielmehr immer dann, wenn „menschliche Ressourcen" in der Arbeitswelt fehlen. (vgl. auch Kapitel 4.2.3.) Sobald sich der Arbeitsmarkt bzw. die Situation wieder verändert, ist fraglich, wie viel von solchen Konzepten übrig bleibt. Außerdem richtet sich die Vereinbarkeitsproblematik nach wie vor, (fast) ausschließlich an Frauen, und zementieren auf diese Weise weiterhin unhinterfragt die in unserer Gesellschaft übliche Arbeitsteilung, welche den Frauen die Hauptverantwortung für die unbezahlte Familienarbeit zuschreibt.

Erhardt führt weiter aus, dass „der Staat [...] zentrale Aufgaben für die Gestaltung der Zukunft unserer Gesellschaft [übernimmt], die vernünftigerweise für die Weiterentwicklung notwendig sind."(125) Immerhin gibt sie dabei zu, „dass es bei der Realisierung von Gender Mainstreaming nicht primär um die notwendige Umsetzung von Frauenrechten geht, sondern vor allem um die Verwirklichung zukunftsträchtiger Arrangements"(126). Welche Arrangements das sein sollen, darüber gibt sie jedoch keine Auskünfte. Wenn ich mir allerdings die neoliberalen Forderungen der derzeitigen Politik ins Gedächtnis rufe (siehe Kapitel 4.1.1.), ist es mir nicht möglich eine Verbindung zu den zentralen und für alle spürbaren Veränderungen im Sozialstaat mit der Gleichstellung der Geschlechter bzw. Gender Mainstreaming herzustellen.

Nicht zuletzt sollte Gender Mainstreaming auch noch ein positives und damit ertragreiches Betriebsklima unterstützen. „So sehen Unternehmen auch im Hinblick auf eine Imageverbesserung als familienfreundlicher Arbeitgeber deutliche Vorteile, besonders bezogen auf den Arbeitsmarkt und die Attraktivität als potenzieller Arbeitgeber für qualifizierte Nachwuchskräfte."(127)

Dass das nicht für jedes Unternehmen oder jede Organisation gilt, arbeitete Itta Tenschert in ihrem Artikel „Uneinnehmbare Festungen – vielversprechende Aussichten"(128) heraus. Sie beschrieb darin die vergeblichen Versuche, dem Tiroler Zukunftszentrum einen „gender-check" anzubieten. Es war nicht möglich, die Leitungsebene von diesem Vorhaben zu überzeugen. Und das, obwohl es sich um eine erst im Aufbau befindliche Einrichtung der Tiroler Arbeiterkammer handelte, an der auch die Stadt Innsbruck beteiligt ist, es sich also um ein öffentliches, mit Steuergeldern finanziertes Unternehmen handelt. Itta Tenschert wörtlich: „Überdies waren wir davon ausgegangen, dass eine Einrichtung, die sich ‚die Erforschung der neuen Welt der Arbeit in Verbindung mit den aktuellen Veränderungen der Lebenswelt in Tirol' zum Ziel setzt, selbstverständlich auch Frauen in ihre Überlegungen einbezieht. Und wer für beide Geschlechter Zukunftsszenarien entwirft, würde wohl auch einer geschlechterparitätischen Organisationsstruktur aufgeschlossen gegenüber stehen. [....] Trotz vielfacher Versuche, Kontakt aufzunehmen, gelang es letztlich nicht einmal, ein Erstgespräch zu vereinbaren."(129)

Mit geschlechterparitätischen Zukunftsszenarien allein werden wir demnach bei vielen Unternehmen nicht argumentieren können, es zählen nach wie vor hauptsächlich die wirtschaftlichen Vorteile. Nur mit besserer Ausnutzung aller zur Verfügung stehenden Ressourcen sind UnternehmerInnen bereit, in Gender Mainstreaming zu investieren.

5.1.1. Welche Gründe gab es, Gender Mainstreaming in der EU zu verankern?

In die Europäische Union wurde Gender Mainstreaming vor allem deswegen implementiert bzw. ohne wirklichen rechtlichen Status verankert, weil man sich dadurch nicht nur eine Modernisierung der Verwaltung erhoffte, sondern auch um der Skepsis der Frauen gegenüber dem Projekt Europäische Einigung wirkungsvoller begegnen zu können. „Erklärtes Ziel war es, mit dem neuen Konzept [...] eine neue Partnerschaft zwischen EU-Kommission und frauenpolitischer Basis zu begründen und damit zum Abbau des Demokratiedefizits der EU-Behörden beizutragen. Insofern ist die Gender Mainstreaming – Politik der Kommission [...] eine speziell auf die Zielgruppe Frauen zugeschnittene Konsensstrategie, ein Politikansatz, mit dem man ‚*Vertrauen zurückgewinnen will'*.‟(130) (Herv. im Original) Es war also so etwas Ähnliches wie eine Notlösung, um den Unmut der Frauen mit der EU-Politik zu minimieren bzw. relativieren, und sie dadurch mit ins Boot der Europäischen Union zu holen.

Um herauszufiltern, wie ernst es der EU mit der Gleichstellung wirklich ist, habe ich an eine Sekretärin des EU-Abgeordneten aus Vorarlberg (Österreich), Herbert Bösch, eine e-mail geschrieben, mit der Bitte um eine genaue Auflistung der Daten von höher dotierten Posten innerhalb der EU. Als Antwort kam, dass es unter den A1-Posten (das sind Generaldirektoren und stellvertretende Generaldirektoren bzw. andere höchste Posten) von denen es insgesamt 56 gibt nur vier mit Frauen besetzt sind, das entspricht ca. 7%. Nicht viel besser sieht es bei den A2-Posten aus, da von 197 Posten nur 33 an Frauen vergeben sind, das sind beschämende 17%. Somit stelle ich mir die Frage, wie ernst es der EU wirklich mit der Gleichstellung ist. Denn in der e-mail ist unter anderem auch zu lesen, „ein großer Wechsel bei den Generaldirektoren ist meiner Meinung nach nicht zu erwarten, weil es erst vor kurzer Zeit umfangreiche Umbesetzungen gab.‟(131) Es scheint also nach wie vor so zu sein, dass Frauen zwar mitgedacht werden, allerdings ohne Männerprivilegien anzugreifen oder gar abzuschaffen, Machtfragen werden nämlich nach wie vor kaum bzw. gar nicht diskutiert oder berücksichtigt.

Evident ist auch, dass „das Konzept, das Ende der 1990er Jahre zur Leitlinie der EU-Gleichstellungspolitik geworden ist, [...] nur noch wenig mit jenem zu tun [hat], das bei den Weltfrauenkonferenzen in Nairobi 1985 und Beijing 1995 vorgestellt wurde."(132) Diese Tatsache verwundert auch nicht weiter, wenn man bedenkt, dass dieses Konzept und seine möglichen Zieldefinitionen seither kontinuierlich in Richtung Topmanagement abgegeben wurde. Die Tatsache, dass die Frauen- bzw. Gleichstellungsbeauftragten mit Sicherheit andere Schwerpunkte setzten als TopmanagerInnen in der Wirtschaft oder auch in der Politik, wurde schon an anderer Stelle diskutiert.

5.1.2. Die Prozesshaftigkeit von Gender Mainstreaming

Gender Mainstreaming wird als ein prozessorientiertes Verfahren beschrieben, ein Feld, in dem Auseinandersetzungen und Interaktionen der verschiedenen fachlichen Ebenen stattfinden, und das mit einer Reflexion der institutionellen Zusammensetzungen anfängt, in der Ziele definiert und ausgehandelt werden. Im günstigsten Fall schließt es mit einer Evaluation ab, um nicht verwirklichte Ziele auch sichtbar, und damit weiterhin verhandelbar zu machen.

Gender Mainstreaming ist eine komplexe und anspruchsvolle, aber inhaltsleere Methode, und daher immer kontextgebunden, d.h. es wird immer darauf ankommen, wer in welchem Zusammenhang und mit welchem Hintergrund diese Strategie anwendet. „Es ist weder etwas, was eine Institution besitzt oder erwerben könnte, noch etwas was verordnet werden kann. [...] [sondern es] ist ein ziel- und prozessorientiertes Konzept, das einen Regelkreislauf beschreibt, beginnend mit der Reflexion der institutionellen Strukturen und Maßnahmen etc. über Aushandlungsprozesse der unterschiedlichen Akteure, der Dokumentation von Zieldefinitionen bis zur Evaluation dieser Prozesse und der sich wiederholenden zyklischen Reintegration ihrer Erkenntnisse."(133) Genau da sollte auch unsere erhöhte Aufmerksamkeit liegen. Denn exakt in dieser Prozesshaftigkeit, in diesen vielfältigen Interaktionen zwischen den verschiedenen Ebenen der Organisation, aber auch den der einzelnen MitarbeiterInnen liegen die Chancen, aber auch die Risken, die dieses Konzept beinhaltet.

Organisationen müssen gewisse Rahmenbedingungen erfüllen, damit der Prozess Gender Mainstreaming überhaupt initiiert werden kann. Solche Rahmenbedingungen sind unter anderem die Förderung von Gender-Kompetenz bei allen MitarbeiterInnen. Diese Maßnahme erfordert nicht nur finanzielle Mittel, sondern auch zeitliche und personelle Ressourcen, die von der Führungsebene zur Verfügung gestellt, unterstützt und finanziert werden müssen. Außerdem ist die Anwendung von Gender Mainstreaming im Leitbild der Firma bzw. der Organisation, oder des jeweiligen politischen Ressorts zu verankern. Es wird daher eine klare Verantwortlichkeit bei den Führungsebenen angeregt, um ein Abschieben der Verantwortung zu unterbinden.

Eines der Probleme dabei ist der lange Weg von oben nach unten. Da verschieden Ebenen (von top-down zu bottom-up) angesprochen und zur Mitarbeit aufgefordert werden, ist die Gefahr einer Veränderung des ursprünglichen Ziels latent immer vorhanden, da auf jeder Ebene immer wieder Teile dieses Konzepts neu ausgehandelt werden müssen. Für jede/n wird sich die Frage stellen, was er/sie nun für relevant hält, und was nicht, ganz abgesehen davon, dass, wie bei jedem Konzept, Teile davon anders interpretiert werden, als dies ursprünglich gemeint war, und so kaum jemals irgendetwas eins zu eins umgesetzt wird. Es wird also selbst mit den besten Absichten immer Abweichungen vom Ursprünglichen geben.

Bei der Strategie Gender Mainstreaming wird suggeriert, dass der Prozess, wenn er erst einmal von oben in die Wege geleitet worden ist oder zumindest positiv darüber entschieden wurde, quasi automatisch abläuft. Die Verzahnungsprobleme zwischen den unterschiedlichen Ebenen, oder die verschiedenen Genderkonzepte, die von jedem/r in irgendeiner Form mitgedacht werden, werden selten bis gar nicht problematisiert.

Ingrid Schacherl schreibt: „Alle Politiken und Maßnahmen werden vorab dahingehend überprüft, welche möglichen Auswirkungen sie auf Frauen und Männer haben, um herauszufinden, ob und wie geschlechtsspezifische Ungleichheiten generiert und reproduziert werden"(134). Wenn aber Auswirkungen überprüft werden, dann stellt sich eben nicht nur die Frage, nach welchen Kriterien dies geschieht, sondern im Sinne des oben Erwähnten, was bleibt vom ursprünglichen Konzept erhalten, was wurde einfach ignoriert, und weshalb? Welche Elemente gingen also während des Prozesses verloren?

Da man Gender Mainstreaming eben nur als eine Strategie bzw. als Leitfaden verstehen und anwenden kann, dieser Leitfaden selbst allerdings inhaltsleer ist, wird es immer darauf ankommen, wer welche Definitionen in dieses Konzept hineininterpretiert. Wer was für veränderbar hält bzw. verändern will, von welchem Gleichstellungskonzept ausgegangen wird und in welcher Hierarchieebene er oder sie sich befindet. Denn davon wird letztlich abhängig sein, was als wichtig erachtet, und in die Zielsetzung aufgenommen wird, und wem oder was keine Beachtung geschenkt wird.

Es wird immer wieder darauf hingewiesen, dass „ohne die eigenmotivierte Mitarbeit der MitarbeiterInnen [...] Programme der Veränderung von Organisationen mit hoher Wahrscheinlichkeit ins Stocken [geraten] oder [...] konterkariert [werden]"(135).

Dieser Gefahr sollte nicht nur durch Weiterbildung sowie Gendertrainings entgegengewirkt werden, sondern auch, indem die Frauen- bzw. Gleichstellungsbeauftragten den politisch Verantwortlichen sehr genau auf die Finger schauen, und Geschlechtergleichstellung immer wieder einfordern.

5.1.3. Was bedeutet Querschnittspolitik?

Ein weiteres Kennzeichen von Gender Mainstreaming ist das sogenannte Querschnittsprinzip. Das bedeutet, diese Strategie kann und soll in allen fachlichen Bereichen als Leitprinzip angewandt werden. Die Gender Frage ist konsequentermaßen in allen Bereichen als relevant anzusehen. Es sollte jedes politische Handeln daraufhin kontrolliert werden, welche Auswirkungen es auf Männer bzw. Frauen hat. Denn nur mit der kontinuierlichen Einbeziehung der Geschlechterfrage und der Auswertung von zusätzlich durchgeführten Genderanalysen – der allerdings auch Taten folgen müssten –, ist eine Chancengleichheit der Geschlechter zu erreichen.

Diese Forderung ist freilich nicht neu, sie wurde auch schon von der Frauenpolitik regelmäßig eingefordert. „Beim Gender Mainstreaming wird an die Idee der Frauenförderung als Querschnittsaufgabe angeknüpft, das Ziel Chancengleichheit der Geschlechter soll in allen Entscheidungsprozessen der Organisation [...] einbezogen werden."(136) Neu ist dabei, dass die Geschlechterfrage nicht mehr nur auf spezifische Frauenthemen begrenzt bleibt, sondern bei allen politischen Entscheidungen zur Anwendung kommen soll, besonders bei jenen Themen, die auf den ersten Blick als geschlechtsneutral georet werden z.B. Verkehrspolitik, Landwirtschaft, Militär etc..

Ob diese Vorgaben auch eingehalten werden, steht freilich auf einem anderen Blatt. Wie Sylvia Skrabs ausführt, lassen „die bisherigen Versuche, die Querschnittsperspektive umzusetzen [...] sehr zu wünschen übrig. Im Grunde genommen hat man die Idee der Querschnittsaufgabe den Frauen überlassen."(137)

5.2. Die Uneindeutigkeit von Gender Mainstreaming. Chance oder Risiko?

Die Uneindeutigkeit von Gender Mainstreaming, dieses offene Konzept, welches mit allen möglichen Inhalten gefüllt werden kann, wurde und wird in der Literatur meist als Schwachstelle georet.(138) Diese Einstellung mag viele verständliche Ursprünge haben, was man dabei jedoch übersieht ist, dass dieses Risiko, welches auf alle Fälle latent immer vorhanden ist und auch nicht unterschätzt werden sollte, auch als Chance gesehen werden kann, – einer Chance für vielseitige Verhandlungsmöglichkeiten bezüglich der Bedeutung von Geschlecht und dessen Veränderung.

Denn in einem Prozess, in dem vieles noch als verhandelbar gilt, in dem die Deutungsmöglichkeiten und deren Konsequenzen noch ausdiskutiert werden können, liegen nicht nur – zugegeben sehr viele – Risiken, sondern auch Chancen verborgen. Diese Risiken und Chancen möchte ich in den folgenden Kapiteln ein wenig näher beleuchten, um so zu einer besseren Einschätzung der Strategie zu gelangen.

5.2.1. Gleichstellung durch Gender Mainstreaming – Ist das möglich?

Was wollen wir mit Gender Mainstreaming erreichen? Die wirkliche Gleichstellung in dieser – patriarchalen – Gesellschaftsordnung, und was würde das in letzter Konsequenz überhaupt bedeuten, oder die absolute Nutzung der sozialen Gender Kompetenz des/der Einzelnen für einen noch größeren Profit in der Wirtschaft? Wenn das Letztere der Fall ist, was haben dann die Non-Profit Organisationen, wie z.B. die Offene Jugendarbeit von diesem Konzept? Wo liegen ihre versteckten Gewinne?

Dabei stellt sich auch die grundsätzliche Frage, ob „wirkliche Gleichstellung" in dieser/unserer Gesellschaft überhaupt möglich ist. Mit „wirklicher Gleichstellung" bezeichne ich eine Gesellschaftsform, welche Differenzen zulässt, ohne sie in Hierarchieebenen zu verankern.

Würde Gleichstellung im Beruf, initiiert durch die Politik, wirklich Gleichstellung im täglichen Leben bedeuten, wenn mehrheitlich Frauen nach wie vor für die Reproduktionsarbeit verantwortlich wären, und dadurch auch künftig einer Doppelbelastung ausgesetzt sein werden? Wie diese Doppelbelastung in einer sogenannten Familie oder als AlleinerzieherIn zum Tragen kommt, wäre auch noch abzuklären.

Sind wir der Gleichstellung durch „angeblich" gleiche Chancen im Beruf und dadurch, dass Frauen die gleiche Bezahlung zumindest einfordern können, wirklich schon einen Schritt näher? Bräuchte es dazu nicht zeitgleich auch Diskussionen darüber, wie Teilzeitjobs in den Führungsetagen zur Selbstverständlichkeit werden könnten? Diskussionen die, wie Susanne Schunter-Kleemann ausführt, nicht stattfinden. „Während die Ausweitung der Teilzeitarbeit trotz fehlender sozialrechtlicher Absicherung in vielen europäischen Ländern uneingeschränkt als akzeptable Form der Arbeitsumverteilung angesehen wird, werden kollektive Arbeitszeitverkürzungen im Vollzeitbereich hingegen strikt abgelehnt. Zu Ende gedacht heißt das, eine Arbeitsumverteilung unter Frauen ist beabsichtigt, nicht jedoch eine zwischen bezahlter und unbezahlter Arbeit."(139) (Herv. von mir)

Eines sollte uns möglicherweise zu denken geben, und zwar die Aussage von Marianne Weg: „Es wäre unzulässig, Gender Mainstreaming an einem Ziel zu messen, das es gar nicht hat und das es auch nicht vorgibt zu haben"(140), nämlich die Kritisierung bzw. Abschaffung des Patriarchats. „Gender Mainstreaming ist nicht der Versuch, dem Patriarchat aufzuerlegen das Patriarchat abzuschaffen."(141)

Es geht also nicht darum, unser Gesellschaftssystem als Ganzes in Frage zu stellen, zu kritisieren, oder gar abzuschaffen, sondern es geht ausschließlich darum, dass Männer wie Frauen in diesem System und seiner Politik der immer größeren Gewinnanhäufung so gut wie möglich als „Humanressource" – von wem auch immer – ausgenutzt werden können. „Gender Mainstreaming macht kein gutes Wetter, schafft den Kapitalismus nicht ab und auch nicht das Patriarchat. Gender Mainstreaming dekonstruiert nicht Geschlecht. Gender Mainstreaming verbessert politische Entscheidungsprozesse, indem Gender Mainstreaming den Verantwortlichen aufgibt, die Geschlechterperspektive und das Gleichstellungsziel als integralen Teil ihrer Aufgabe zu sehen. Nicht mehr und nicht weniger."(142) (Herv. von mir)

Wenn im Vorwort des Buches „Gender Mainstreaming Herausforderung für den Dialog der Geschlechter" (2003) darauf hingewiesen wird, dass „ohne konsequente Anwendung von Gender Mainstreaming [...] die Herstellung von Geschlechtergerechtigkeit nicht denkbar [ist],"(143) sind das übertriebene Erwartungen an ein Konzept, bei dem nicht klar ist, welche Theorie von Geschlecht hinter dieser Strategie steht, die nach wie vor die existenten Herrschaftsformen nicht in Frage stellt, und die überdies die Angewohnheit in sich trägt, sich sehr schnell zu verselbständigen bzw. zu verflüchtigen, wenn sie nicht für relevant gehalten und infolgedessen ignoriert wird. Dabei wird zudem nicht berücksichtigt, dass das Geschlecht nur eine von vielen strukturgebende Kräften in unserer Gesellschaft repräsentiert.

Es sind wie eh und je vor allem Frauen, welche sich engagieren, und für eine Gleichstellung der Geschlechter plädieren. Denn obwohl immer wieder beteuert wird, dass Gender Mainstreaming beide Geschlechter in den Blick nimmt, dass auch die mögliche Diskriminierung von Männern mitgedacht und analysiert wird, also Strategien für eine Gleichstellung von beiden Geschlechtern verwirklicht werden sollten, sieht die Realität so aus, dass es nach wie vor zum großen Teil Frauenprojekte sind, die als „best practice" Beispiele auf der EU Ebene verbucht werden.(144)

Die Frage, die sich mir dabei immer wieder stellt, ist die, ob eine Veränderung hin zu mehr Gleichstellung überhaupt angestrebt wird, oder ob es nicht nur um verschiedene Kompetenzen geht, welche man in der Erwerbsarbeit möglichst vielseitig nutzen möchte. Dass diese Frage Relevanz hat, lässt sich nicht nur am oben angeführten Zitat von Susanne Schunter Kleeman zeigen, sondern auch anhand vieler untereinander vergleichbaren Textbeispielen belegen. Eine davon lautet: „Um das volle Potenzial von Frauen wie Männern zu nutzen, ist es sinnvoll, [...] die Vorteile der verschiedenen Kommunikations-, Arbeits- und Führungsstile sichtbar zu machen und gleichermaßen wertzuschätzen und sie in die tägliche Zusammenarbeit einfliessen [sic.] zu lassen."(145)

Es geht also zumindest in erster Linie nicht darum, dass beide Geschlechter sich auch die Kompetenzen des jeweils anderen Geschlechts aneignen oder gar die Rollenzuweisungen zu verwässern, sondern nur darum, diese Kompetenzen möglichst effizient zu nutzen. Es ist also nicht die Dekonstruktion vom kulturellen Geschlecht, die – wie in Gendertrainings immer wieder behauptet – angestrebt wird, sondern es geht primär um eine möglichst wirksame Ausnutzung der kulturell zugeschriebenen Geschlechtskompetenzen, um damit eine größtmögliche Bandbreite der Gewinnmaximierung zu gewährleisten.

Der Begriff des Gender nimmt also nicht mehr die kritische Position ein, wie einst im Wissenschaftsbereich. Diskussionen über die unterschiedlichen Machtverhältnisse werden genauso wenig geführt wie Aspekte bezüglich Ethnie, Alter, Klasse etc. einbezogen werden. Von der Politik wurde sozusagen nur die glatte Oberfläche von Gender übernommen, ohne die vielen kritischen Standpunkte und kontroversen Diskussionen darüber zu berücksichtigen.

Mit diesem Wissen ist nicht nur die Frage, wie Frauen vermehrt in Männerdomänen integriert werden können interessant, sondern auch Fragen nach dem Warum sollten gestellt und diskutiert werden. Also warum sollen Frauen vermehrt in Männerdomänen integriert werden, welche Vorteile bringt es den Topleuten – meist Männer – wenn die Interessen und Fähigkeiten von Frauen, die durch die sozioökonomische Umwelt zwangsläufig verschieden sind, in Männerdomänen integriert werden?

Im Zentrum der Überlegungen steht also nach wie vor nicht das benachteiligte Geschlecht oder die moralische Verpflichtung gegenüber dem Gleichstellungsgesetz, sondern der wirtschaftliche Nutzen des jeweiligen Unternehmens.

Das alleine ist sicher noch kein Grund Gender Mainstreaming von vornherein abzulehnen, aber es ist auf alle Fälle ein Argument, sich die einzelnen Maßnahmen sehr genau anzusehen, um gegebenenfalls rechzeitig ein Veto einlegen zu können.

5.2.1.1. Voraussetzungen für eine erfolgreiche Gleichstellungspolitik

Wichtig erscheint mir, dass Gender Mainstreaming als Prinzip keineswegs die klassische Frauenförderung ersetzt, sondern als Ergänzung zur Frauen- bzw. Gleichstellungspolitik gesehen werden sollte, und es wird auch immer wieder auf die Notwendigkeit der Doppelstrategie hingewiesen.

Was allerdings zu wenig bzw. gar nicht diskutiert wird, ist, wer diese Doppelstrategie finanzieren soll. Da das Geld dafür – fast – nirgends eingeplant ist, verhält es sich in den meisten Fällen so, dass die bisherige Gleichstellungsbeauftragte zur Gender Mainstreaming Fachfrau umbenannt wird, dies freilich nicht nur wegen finanzieller Engpässe, sondern auch in Ermangelung von KanditatInnen, die fachlich überhaupt in der Lage sind, Gender Fragen zu debattieren oder eine Genderanalyse anzuleiten, also Männer und Frauen, die ein umfangreiches Wissen bezüglich Geschlechterstrukturen in unserer Gesellschaft vorweisen können. Eine Kompetenz, welche sich die neuen Gender Mainstreaming Fachfrauen und -männer entweder in einem Studium oder auch in der langjährigen Praxis als GleichstellungsbeauftragteR aneigneten.

Leider verhält es sich derzeit allerdings so, dass diese Fachleute zwar das Wissen von gesellschaftlich bedingten Rollenzuweisungen und deren Ausbeutung haben und auch um die Strukturen wissen, die dafür verantwortlich sind, die Definitionsmacht jedoch weiterhin bei jenen Menschen zu finden ist, die mehrheitlich von diesen Rollenzuweisungen profitieren, und die daher wenig Grund haben, etwas zu verändern. Von diesem Standpunkt aus gesehen, ist es auch eine logische Folgerung, dass Gender Mainstreaming top down installiert werden sollte. Denn nur so ist gewährleistet, dass sich die Definitionsmacht nicht verschiebt und liebgewonne Privilegien nicht aufgegeben werden müssen.

Auf diese Problematik wies auch Ralf Puchert in seinem Artikel „Wie Gleichstellung ganz ohne Strategie verhindert wird"(146) hin. Eine Problematik, auf die ich im Kapitel 5.3.2. noch näher eingehen werde.

Um Gender Mainstreaming als Doppelstrategie gemeinsam mit der Frauenförderung wirksam und vor allem langfristig zu installieren, bräuchte es neben ausreichenden Finanzmitteln und einem anerkannten unabhängigen wissenschaftlichen Ausbildungslehrgang, der sich mit den gesellschaftlichen Rollenzuweisungen und der Geschichte dieser Rollenverteilungen beschäftigt – eine Ausbildung, wie sie z.B. die Universität Innsbruck mit dem Schwerpunkt „Kritische Gesellschafts- und Kulturanalyse" anbietet – zusätzlich noch ein Schulsystem, in welchem die SchülerInnen lernen, gesellschaftliche Tatsachen und die Mythen (vgl. Kapitel 3.2.), auf die diese Tatsachen aufbauen, kritisch zu hinterfragen. Es müssten also zeitgleich in jeder Ausbildung Fragen bezüglich der Gesellschaft und ihrer Rollenzuweisungen hinterfragt werden.

Denn Fachleute nur mit Wissen und Definitionsmacht auszustatten, ohne gleichzeitig auch eine kritische Gesellschaft zu etablieren, halte ich für zu wenig. Nur wenn die breite Öffentlichkeit von klein auf gelernt hat, Dinge und Taten zu hinterfragen, und nichts als ewig gegeben hinzunehmen, wird er/sie fähig sein, eine veränderte Gesellschaftsform nicht nur auf dem Papier zu beschreiben, sondern auch mit Leben zu füllen.

5.2.1.2. Welche Bereiche sind vorrangig zu hinterfragen?

Natürlich sollte die Gleichstellungsfrage in allen Bereichen des Lebens als relevant und bedeutsam angesehen werden. Allerdings sind sie in jenen Bereichen, in denen Beschlüsse gefasst und Ressourcen verteilt werden, als besonders wichtig einzustufen, also vornehmlich und zuallererst in Rahmen der Politik, denn sie beeinflusst unsere Lebensbedingungen ganz massiv, und regelt, ob direkt oder indirekt, die Geschlechterverhältnisse in unserer Gesellschaft.

Eva Kreisky notiert in ihrem Aufsatz „Der Stoff aus dem die Staaten sind. Zur männerbündischen Fundierung politischer Ordnung"(147): „Im modernen Staatsapparat materialisieren sich patriarchale Prinzipien in öffentlichen Strukturen. *Was wir gemeinhin als Staatsapparat erfahren und verstehen, hat sich unter historisch-gesellschaftlichen Prämissen etabliert, für die Ausschließung und Beschränkung von Frauen konstitutiv war.* Staatliche Institutionen sind ihrer Provenienz nach sedimentierte männliche Lebenserfahrungen und männliche Interessen. Männlichkeit ist nicht nur gesellschaftlich konstruiert, sondern sie konstruiert selbst gesellschaftliche Strukturen."(148) (Herv. von mir)

Fazit, welches aus den oben angeführten Tatsachen abgeleitet werden kann, ist, dass vor allem die *ernsthafte* Anwendung von Gender Mainstreaming in der Politik die strukturellen Diskriminierungen beseitigen kann, oder zumindest in einem ersten Schritt für breite Teile der Bevölkerung sichtbar und somit auch verhandelbar werden lässt.

5.2.1.3. Welche Themen sollten behandelt werden?

Wenn immer wieder davon die Rede ist, dass bei allen Entscheidungen stets die spezifische Situation von Männern und Frauen mitgedacht werden muss, da keine Handlung grundsätzlich und im Vorhinein als geschlechtsneutral gelten kann und von daher jede Entscheidung immer unterschiedliche Auswirkungen auf Männer bzw. Frauen haben wird, stellt sich mir die Frage, worin der Unterschied liegt und wie diese angeblich geschlechtsspezifischen Auswirkungen sichtbar gemacht werden. Wird also auch auf die gesellschaftlichen Strukturen geachtet?

Werden Frauen und Männer nur als solche gesehen, oder werden Statusunterschiede mitberücksichtigt? Ist ein/e ArbeiterIn ohne Hochschulabschluss mit den gleichen Möglichkeiten ausgestattet, wie ein/e ManagerIn, der/die das fünffache des/der Erstgenannten verdient und besseren Zugang zu Informationen hat? Wie ist es mit Männern und Frauen, die nie verheiratet waren und keine Kinder haben? Haben Frauen und Männer, die in einer ländlichen Gegend leben und auf öffentliche Verkehrsmittel angewiesen sind, die gleichen Möglichkeiten, d.h. ist der öffentliche Verkehr auf die Bedürfnisse von beiden Geschlechtern abgestimmt? Gibt es einen Unterschied zu jenen, die in einer Stadt mit gut ausgebautem öffentlichen Verkehrsnetz und Weiterbildungsmöglichkeiten wohnen? Werden AlleinerzieherInnen gleich behandelt wie verheiratete Frauen und Männer mit Kindern? Sind Frauen und Männer, welche in einer gleichgeschlechtlichen Lebensgemeinschaft leben, gleich gut abgesichert wie jene, die in unserer Gesellschaft die Norm verkörpern und verheiratet sind? Welche Rolle spielt die ethische Herkunft? Werden MigrantInnen auch mitgedacht?

Kurz und gut, welche Ausgangssituationen haben gewisse Menschen, und wird darauf genauso Rücksicht genommen wie auf die Tatsache, dass man es mit unterschiedlichen Geschlechtern zu tun hat? Denn nicht nur Problemlagen von Männern und Frauen sind unterschiedlich, sondern auch jene, die von unterschiedlicher sozialer Herkunft, von unterschiedlichem Alter, oder von Behinderten und Nichtbehinderten hervorgehen. Diese Liste der Unterschiede ließe sich problemlos Seitenweise in die Länge ziehen, ohne Aussicht irgendwann alle Differenzen aufgezählt zu haben.

Zu fragen wäre überdies nicht nur, ob und wie Frauen besser in der typisch kapitalistischen Arbeitswelt verankert werden sollen, sondern viel wichtiger erscheint mir die Frage, wie es Frauen und Männern ermöglicht werden könnte, mehr auf Familienfreundlichkeit zu achten, ohne am Ende des sogenannten Arbeitslebens in die absolute Armutsfalle zu tappen. Denn obwohl Familienarbeit in der Zwischenzeit als wertvoll und wichtig anerkannt worden ist, und zwar im doppelten Sinn, erstens, weil es ganz einfach eine nötige Arbeit ist, um die Reproduktion der Gesellschaft sicher zu stellen und zweitens, weil ArbeitgeberInnen erkannt haben, dass sich die Begabungen, welche vor allem Frauen zugeschrieben werden, auch sehr gut vermarkten lassen, wird sie weiterhin nicht honoriert.

Die Fähigkeiten, die sich Frauen und vereinzelte Männer in der Familienarbeit oder auch Reproduktionsarbeit aneignen, wird im offiziellen Arbeitsmarkt zwar als Fähigkeit anerkannt, allerdings wird sie weder entsprechend entlohnt, noch schützt sie vor Altersarmut. Das Patriarchat, das am Ende – im wahrsten Sinne des Wortes – festlegt, wie viel welche Arbeit wert war, bzw. ist, wird mit Gender Mainstreaming nicht ernsthaft hinterfragt. Es steht nach wie vor nicht zur Debatte, die Reproduktionsarbeit in der eigenen Familie als für die Gesellschaft wertvolle Arbeit anzuerkennen und über eine entsprechende soziale und finanzielle Absicherung jener Menschen nachzudenken, die diese Arbeit leisten.

Gender Mainstreaming stellt die strikte Trennung von Öffentlichem und Privatem also nicht in Frage, die Betreuungsarbeit muss zwar von irgendjemandem, meist Frauen, geleistet werden, sie bleibt aber nach wie vor im finanziell abgewerteten bzw. nicht honorierten Bereich. Von daher ist es auch zu erklären, weshalb nicht darüber nachgedacht wird, dass der Staat mehr Betreuungspflichten übernimmt, wie z.B. landesweite öffentliche Ganztageskindergärten und Ganztagesschulen, mit Öffnungszeiten, die sich mit den regulären Arbeitszeiten decken und die auch leistbar sind.

5.2.1.4. Welche Überlegungen wären erforderlich?

Um eine wirkliche Gleichstellung einzuleiten, wären mindestens drei Überlegungen relevant, die in der derzeitigen Diskussion um Gender Mainstreaming gar nicht oder nur marginal diskutiert werden.

Erstens, wie sind jene Menschen abgesichert, die sich dafür entscheiden, ihre Kinder oder auch kranke Familienangehörige selbst zu versorgen und infolgedessen eine gewisse Zeit vom offiziellen Arbeitsmarkt fernbleiben?

Zweitens, wie ermöglicht man es den Menschen nach einer längeren Arbeitspause vom offiziellen Arbeitsmarkt wieder in die Arbeitswelt zurückzukehren, und zwar ohne massive Verschlechterungen hinnehmen zu müssen?

Und Drittens, wie wird es jenen, die ihre Kinderpause so kurz wie möglich halten möchten oder die andere Betreuungsaufgaben außer Haus von offiziellem ausgebildeten Personal erledigt haben möchten ermöglicht, so schnell wie möglich wieder in den Beruf einzusteigen? D.h. gibt es genug leistbare Betreuungsplätze und vor allem sind sie zeitlich mit der Arbeitswelt abgestimmt? Aber genau diese Fragen werden bei Gender Mainstreaming nicht ernsthaft diskutiert bzw. die erste Frage der Absicherung von Menschen, welche nicht im offiziellen Arbeitsmarkt verankert sind, wird nicht einmal gestellt.

Es geht also nach wie vor nicht um eine Ausweitung der verschiedenen Lebensmöglichkeiten. Lebensmöglichkeiten, die, falls sie finanziell abgesichert wären, zumindest teilweise auch für Männer interessant wären, und so automatisch langfristig zu einer Verwässerung der diskriminierenden Rollenzuweisungen beitragen würden. Derzeit sieht es aber nicht so aus, als ob diese Möglichkeit auch nur in Betracht gezogen würde. Denn nach wie vor ist nicht die Geschlechtergleichstellung an erster Stelle gereiht, sondern es geht um die Vereinbarkeit von Arbeits- und Familienleben, um Frauen auf dem Arbeitsmarkt besser zu integrieren. So gesehen geht es also eher um die Anpassung der Frauen an die Strukturen, als um eine Strukturveränderung, zumindest bezüglich des Arbeitsmarktes.

5.2.2. Wie wird Gleichstellung verhindert?

Gleichstellung durch oder mit Gender Mainstreaming wird dadurch verhindert, dass Männer einfach untätig sind. Männer plädieren einerseits für die Gleichstellung, andererseits unternehmen sie aber nichts, damit sich die Arbeitskultur ändert. Ulrich Beck registriert 1986 – zwar in einen anderen Zusammenhang da zu dieser Zeit Gender Mainstreaming noch nicht Thema war – in seinem Buch „Risikogesellschaft" „Die Männer sind in ihren Reaktionen geteilt. Womit sie mit ihrem Kopf eintreten, setzen sie in die Tat nicht um. Hinter den Parolen von Gemeinsamkeiten verstecken sie faktisch Ungleichheit."(149) Dass diese Aussage nach wie vor Gültigkeit hat, zeigt die Arbeit von Ralf Puchert, welcher in seinen empirischen Untersuchung gemeinsam mit Stefan Höynig zum Ergebnis kommt: „Sie [Männer] gehen nicht strategisch gegen Gleichstellung vor. Doch sie lehnen mit kollektiven Wahrnehmungs- und Verhaltensmustern jede Eigenverantwortlichkeit für Diskriminierungen von Frauen ab."(150) Also selbst wenn Mann der Gleichstellung positiv gegenübersteht, wird sie ganz einfach durch „nichts tun" verhindert. Denn zwischen einem egalitären Bewusstsein und dem Verhalten zur Gleichstellung besteht meist eine enorme Differenz.

Puchert zählt drei Faktoren auf, die für die Diskrepanz zwischen der positiven Einstellung einerseits und der Untätigkeit andererseits verantwortlich zeichnen. Dies sind unterschiedliche Gleichstellungskonzepte, selektive Wahrnehmung und hegemoniale Argumentationsmuster. Diese Information erscheint mir wichtig, unterstreicht sie doch die Gefahr, die von nicht zur Sprache gekommenen Gleichstellungskonzepten ausgeht.

Puchert notiert weiter: „Bei der Untersuchung der individuellen Reaktionen und Verhaltensweisen der von uns befragten Männern zeigt sich, dass eine *ungeheure Diskrepanz* besteht zwischen egalitärem Bewusstsein und dem Verhalten zu Gleichstellungsbestrebungen."(151) (Herv. von mir) Wenn man allerdings die Seilschaften analysiert, die sich Männer meist schon während ihres Studiums aufbauen, kann man sicher nicht mehr davon sprechen, dass Gleichstellung im Sinne von Gender Mainstreaming einfach durch nichts tun verhindert wird. Und selbst Puchert notiert in seinem Fazit: „Männer schaffen sich verschiedene Arbeitskulturen, die im Kampf um die Vorherrschaft ganz nebenbei ‚unpassende' Männer sowie Frauen ausgrenzen und Gleichstellungsmaßnahmen lautlos abschmettern."152 Das Verb „schaffen", also etwas herstellen, deutet auf etwas Aktives hin, auf etwas, wofür Mann kämpfen muss. Auch das Substantiv „Kampf" beschreibt eine Aktivität, noch dazu eine ziemlich aggressive. Es wird hier also alles andere als Passivität beschrieben. Puchert weiter: „Die hegemoniale, männerbündische Arbeits- und Organisationskultur der Führungsetagen ist deutlich an klassischen Männerbünden orientiert und sie scheint nicht im Aussterben begriffen zu sein. Informelle Gruppierungen wie die Männerbünde können nicht zerschlagen werden. Zu vielfältig sind die Bedürfnisse, die sie befriedigen, zu nützlich können sie für die Verwaltung sein."(153) Wenn diese These stimmt, und darin besteht m.E. kein Zweifel, dann stellt sich mir die Frage, ob das Budget, welches für Gender Mainstreaming ausgegeben wird, nicht sinnvoller verwendet werden könnte.

Denn ich halte es für übertrieben, dass allein die Erweiterung des Blickwinkels auf Frauen und Männer durch Gender Mainstreaming die männlichen Widerstände mindern sollen. Wenn jemand gegen die Gleichstellung ist, egal ob Mann oder Frau, dann wird auch Gender Mainstreaming nichts daran ändern. Diese Meinung vertritt auch Stella Jegher wenn sie schreibt: „Irreführend wäre es allerdings zu glauben, dass das Wissen um Ungleichheit allein zu Entscheidungen in Richtung von mehr Gerechtigkeit oder Gleichstellung führt, womit einmal mehr die Frage aufgeworfen ist, inwiefern Gender Mainstreaming anders als bisherige institutionelle Gleichstellungsstrategien zu einer Veränderung der Machtverhältnisse führen kann, in die es sich einschreibt."(154)

5.3. Gender Mainstreaming, rhetorische Modernisierung oder Paradigmenwechsel in der Gleichstellungspolitik?

Leitet Gender Mainstreaming nun wirklich einen Paradigmenwechsel ein, und wenn ja, wie ist dieser zu werten? Oder ist diese Strategie nur die rhetorische Modernisierung, sozusagen das neue Kleid für die alten Forderungen der GleichstellungspolitikerInnen? Falls das so ist, wie können wir diese neue Strategie nutzen, um alte Forderungen weiterhin und womöglich sogar effizienter einzuklagen und voranzubringen?

Welche Erwartungen hat man bezüglich Gender Mainstreaming? Wie viel, und vor allem was ist von der Vielzahl an Veröffentlichungen, Tagungen und auch Workshops zu diesem Thema wirklich zu erwarten? Wer hat ein Interesse an Gender Mainstreaming und der Umsetzung von ausgehandelten Zielen? Wer investiert überhaupt in ein so teures Konzept und warum, bzw. wer kann es sich leisten?

Auf diese Fragen möchte ich in den nächsten drei Kapiteln ein wenig näher eingehen. Zuallererst werde ich aber kurz die Unterschiede zwischen Frauenpolitik und Gender Mainstreaming skizzieren.

5.3.1. Traditionelle Frauenpolitik versus Gender Mainstreaming

Feministische Fachfrauen, AktivistInnen und WissenschaftlerInnen haben schon in den 1980er Jahren auf die Folgen der Globalisierung hingewiesen. Da der Wirtschaftsprozess nicht als geschlechterneutral zu bezeichnen ist, begannen sie mit Hilfe des Begriffes Gender Mainstreaming Überprüfungs- und Gestaltungsansprüche an die ökonomische und politische Ebene zu stellen. Sie formulierten Gender Mainstreaming als Konzept, welches mit der Hoffnung ausgearbeitet wurde, dass durch die Institutionalisierung von Frauenpolitik schon im Vorfeld politischer Entscheidungen in Richtung Geschlechtergerechtigkeit agiert werden könnte. Der Ausgangspunkt von Gender Mainstreaming war also die Erkenntnis, dass spezielle Frauenförderprogramme oder einzelne Frauenprojekte keine dauerhaften Veränderungen bewirken, weil sich die politischen Rahmenbedingen, also das patriarchale System, dadurch nicht verändern lassen, ja dass sie es meistens nicht einmal tangieren.

Im Zuge von Gender Mainstreaming las ich immer wieder von Querschnittpolitik und Chancengleichheit, und dass besonderes Augenmerk auf Kommunikation und Sensibilisierung gelegt werden muss. Gleichstellung – und zwar von Frauen und Männern – ist nicht mehr die Spezialaufgabe von einzelnen Frauenbeauftragten ohne Entscheidungsbefugnis, sondern es ist Querschnitts- also Gemeinschaftsaufgabe für alle Ressorts, und sollte von Männern wie Frauen mit Leben gefüllt werden. Es werden also nicht nur Maßnahmen, die geschlechtsspezifische Relevanz haben analysiert, sondern auch solche, die auf den ersten Blick gar keinen geschlechtsspezifische Hintergrund zu haben scheinen. Gender Mainstreaming gilt also explizit für jeden Fachbereich, und ist bei jedem Projekt von Anfang an zu integrieren. Fragen bezüglich Gleichstellungsrelevanz werden nicht erst am Schluss, sozusagen als kleine Korrekturmöglichkeit gestellt, sondern begleiten jeden Entscheidungsprozess von Anfang bis zum Ende.

Das bedeutet, es müssen bzw. sollten alle Vorhaben von vornherein auf ihre strukturell bedingte geschlechtsspezifische Wirkung hin überprüft werden, damit gewährleistet ist, dass die postulierten unterschiedlichen Bedürfnisse von Frauen und Männern schon in der Planung Berücksichtigung finden. Infolgedessen wirkt es nicht nur längerfristig, sondern zielt auch direkt auf die Veränderung der Organisationsstrukturen ab, und zusätzlich wird sichtbar, dass es keine Entscheidungen gibt, die von Anfang an als geschlechtsneutral zu bezeichnen sind. Das bedeutet, Gender Mainstreaming wirkt, würde man es wirklich ernsthaft anwenden, präventiv. Die Möglichkeit, dass sich dadurch Strukturen längerfristig verändern, sind, wie oben schon erwähnt, höher als in der traditionellen Frauenpolitik, in der die Frauenbeauftragten meist nur am Ende eines Projekts das Schlimmste vermeiden konnten.

Dadurch, dass Gender Mainstreaming als Querschnittsaufgabe gesehen werden sollte, verspricht dieses Konzept, dass vermehrt auf die Interessen von Frauen eingegangen wird, bzw. dass Gender in der Politik kein Randthema mehr verkörpert, sondern dass in allen Vorhaben eine geschlechtssensible Perspektive zu integrieren ist.

Ob diesem Interesse an den unterschiedlichen Bedürfnissen allerdings auch Taten folgen, wird noch abzuwarten sein. Denn nicht nur, dass Gender Mainstreaming nicht vorschreibt, von welchem Geschlechterkonzept man ausgehen sollte bzw. welches denn gemeint ist, schreibt sie auch nicht vor, was als Erfolg zu werten wäre. Daher ist die Gefahr sehr groß, „dass von den umfassenden Forderungen feministischer Aktivistinnen und Theoretikerinnen im politischen Durchsetzungsprozess nur das übrigbleibt, was (Arbeits-) Marktkompatibel ist."(155) Denn „die Auslegungen der GM-Strategie reichen von bloßer Sensibilisierung der EntscheidungsträgerInnen bis zu geschlechteregalitärer Verteilung aller öffentlicher Fördermittel."(156) Und „während die herkömmlichen Begriffe noch an konkrete Politikkonzepte und Forderungen gekoppelt waren (etwa die Quote oder Gelder für Frauenprojekte), verschwinden die Aufgaben und anfänglichen Anliegen der Neuen Frauenbewegung hinter den neuen Begriffen."(157) Begriffe, die mit den verschiedensten Inhalten gefüllt werden können, und die immer auch eine gewisse Konsenspolitik widerspiegeln werden.

Die bisherige Frauenförderung bzw. Gleichstellungspolitik ging immer von einer konkreten Situation bzw. von realen Lebenssituationen einzelner Frauen aus. Sie knüpften ihre Forderungen immer an eine direkt sichtbare Benachteiligung an, demnach wurden immer Lösungen für spezielle Probleme entwickelt. Die typischen Instrumente von traditioneller Frauenpolitik sind unter anderem positive Diskriminierung, z.B. durch die eingeführte Frauenquote, Antidiskriminierungs- und Gleichstellungspolitik.

Das hatte einerseits die Vorteile, dass die Anliegen von Gleichstellungsbeauftragten formuliert wurden ohne einen politischen Konsens erarbeiten zu müssen, und dass man den Erfolg, oder auch Misserfolg sehr schnell abschätzen konnte. Andererseits bestand ein Nachteil darin, dass es sich immer nur um eine Aktion handelte, die nur an einem Ort und nur an einem Punkt griff, ohne in die Strukturen einzugreifen oder sie gar zu verändern. So produzierte die traditionelle Frauenpolitik nur kurzfristig wirksame Maßnahmen.

Ein weiteres Problem der Frauenpolitik ist darin zu sehen, dass durch die explizite Fokussierung auf die Frauenfrage die Männer aus ihrer Verantwortung herausgenommen wurden, „das Konzept der Frauenförderung stellt sich als eindimensional in seiner Wirkung dar. Frauenpolitisch ambitionierte Frauen bleiben damit „entre nous" [unter sich]."(158) Im Gegensatz zu Gender Mainstreaming, bei dem zumindest die Männerfrage mit diskutiert wird, auch wenn sie physisch meist unterpräsentiert sind.

In der Literatur über Gender Mainstreaming wird immer wieder auf die Wichtigkeit des „dualen Ansatzes" oder der „Doppelstrategie" hingewiesen. Die Doppelstrategie besagt, dass außer einem durchgängigen Einbezug der Geschlechterperspektive auch die Fortführung frauenspezifischer Programme zu unterstützen sind. Gemeint ist damit, dass Gender Mainstreaming die altbewährten Ansätze und die verschiedenen Projekte, die sich in der Frauenförderung etablierten, fortgesetzt werden müssen. Es sollte nicht heißen „Frauenförderung oder Gender Mainstreaming", sondern „Frauenförderung und Gender Mainstreaming". Gender Mainstreaming sollte die bisherigen Aktionen der Frauenpolitik zur Herstellung von Gleichberechtigung unterstützen, und nicht ersetzen. (siehe auch Kapitel 5.1.3.)

Dass dies sehr oft nicht geschieht, liegt vermutlich nicht nur am chronischen Geldmangel fast jeder Organisation, sondern auch daran, dass es zu wenig ExpertInnen bezüglich Geschlechterwissen gibt. Das hat meist zur Folge, dass die Gleichstellungsbeauftragten jetzt nicht mehr nur für die Angelegenheiten der Frauenförderung verantwortlich sind, sondern gleichzeitig auch für Fragen bezüglich Gender Mainstreaming.

Um es zum Schluss noch mal ganz kurz auf einen Punkt zu bringen, die Frauenförderpolitik geht eher von einer konkreten Situation aus und versucht für genau dieses Problem eine Lösung zu entwickeln. Es wird also zielorientiert gehandelt, die jeweilige Maßnahme beschränkt sich allerdings auf ein spezifisches Problem, ohne die Strukturen zu verändern.

Gender Mainstreaming hingegen sieht sich alle Maßnahmen schon vor einer Entscheidung dahingehend an, ob für Frauen oder Männer Nachteile zu erwarten sind. Auch bei Entscheidungen, die auf den ersten Blick keine geschlechtsspezifische Auswirkungen haben. Damit beinhaltet dieser Ansatz, wenn er ernsthaft eingesetzt wird, das Potenzial für eine nachhaltige Strukturveränderung.

5.3.2. Bsp. Tagungen und Literatur zu diesem Thema

Dass Gender Mainstreaming das Ungleichgewicht der Geschlechter nach wie vor nicht berührt, dass es immer noch die Frauen sind, die sich für Gleichstellung einsetzen, zeigt sich unter anderem immer wieder bei verschiedenen Veranstaltungen die unter dem Aspekt von Gender Mainstreaming veranstaltet werden.

Bei der vom Institut der Erziehungswissenschaften auf der Universität in Innsbruck veranstalteten Ringvorlesung zu diesem Thema im Juni 2003 gab es gesamt elf Vortragende. Konkret standen neun Frauen zwei Männern gegenüber. Bei den TeilnehmerInnen dürfte ein noch höherer Prozentsatz an Frauen zu verzeichnen gewesen sein, und auch die Hintergrundarbeit dieser Tagung wurde – sieht man vom amtierenden Rektor ab, der die Kosten für das Buffet übernahm – nur von Frauen erledigt.

Dass das kein Einzelfall ist, zeigte die Tagung NORA Ende November 2003 in Innsbruck. Es war kein einziger Referent am Podium und unter den TeilnehmerInnen befand sich genau ein Mann. Und das, obwohl Männer von den VeranstalterInnen extra angeschrieben wurden, wie mir von Itta Tenschert schriftlich mitgeteilt wurde. „Für das Thema Gender Mainstreaming interessieren sich derzeit (noch?) mehrheitlich Frauen bzw. werden sie von ihren Organisationen als dafür zuständig erklärt. Bei unserer Tagung am 6.11.2003 war unter 90 TeilnehmerInnen ein Mann. Wir hatten uns für diese Veranstaltung sehr viel Arbeit mit persönlichen

Einladungsschreiben gemacht, um ein Publikum zu gewinnen, das in Bezug auf Gender Mainstreaming relevant ist. Wir haben also aus vielen Einrichtungen die Verantwortlichen – meist Männer – persönlich eingeladen. *Sie erschienen alle nicht.*"(159) (Herv. von mir)

In St. Arbogast (Vorarlberg) absolvierte ich Anfang November 2003 ein Gendertraining, das idealerweise von einem Mann und einer Frau abgehalten wurde. Bei den TeilnehmerInnen bot sich allerdings das gleiche Bild wie schon vorher beschrieben, ein paar (drei) Männer mischten sich unter viele (vierzehn) Frauen.

Am 4. März 2004 war ich bei einem eintägigen „Salon der Visionen" dabei, bei dem über die erfolgreichen Umsetzungsmöglichkeiten von Gender Mainstreaming in Vorarlberg diskutiert wurde. Diese Veranstaltung wurde von Femail, dem Graueninformationszentrum in Vorarlberg organisiert. Bei den TeilnehmerInnen zeigte sich das gleiche Bild, wie oben schon mehrfach beschrieben. Ein Mann saß mit zwanzig Frauen in der Runde, und das, obwohl mir die Verantwortliche in einem Gespräch mitteilte, dass sie und ihre Mitarbeiterinnen sich sehr darum bemüht hätten, Männer für diese Veranstaltung zu gewinnen.

Was mich konkret allerdings viel mehr berührte als die Abwesenheit von Männern war, wie sehr sich die TeilnehmerInnen bemühten, Konzepte zu entwerfen, die für Männer interessant sein könnten. Es wurde sehr viel Energie verschwendet, um das Probleme der nicht anwesenden Männer zu erörtern. Fragen, wie man Männern die Diskussionen bezüglich Gender Mainstreaming schmackhaft machen könnte, oder wie man sie für die Veranstaltungen begeistern könnte, wurden mindestens ebenso ausführlich diskutiert, wie mögliche Umsetzungsstrategien bezüglich des eigentlichen Themas.

Dass das Energien waren, die uns bei der eigentlichen wichtigen Fragestellung abgegangen sind, ist die eine Tatsache, dass wir – vornehmlich Frauen – uns wieder einmal verantwortlich fühlten für das Desinteresse der Männer, die andere.

Aber nicht nur bei Tagungen etc. ist ein größeres Interesse von Frauen an diesem Thema zu beobachten. Auch wenn man die verschiedenen Artikel und Bücher, welche über Gender Mainstreaming publiziert worden sind, nach Geschlecht auseinanderdividiert, zeigt sich, dass es zum weitaus überwiegenden Teil Frauen sind, die sich mit diesem Thema auseinandersetzen.

5.3.3. Bsp. Arbeitsmarktpolitik

Die Spaltung der Arbeit in bezahlte/öffentliche und unbezahlte/private Arbeit, kann als ein wesentliches Gestaltungsmerkmal von den in unserem Kulturkreis als natürlich geltenden Geschlechterverhältnissen angesehen werden. Diese Arbeitsteilung hält vor allem die Frauen nach wie vor in einer ökonomischen Abhängigkeit zu einem (meist) Mann, welcher für seine Arbeit nicht nur bezahlt wird, sondern damit auch gewisse Rechte, wie z.B. Arbeitslosen- oder Pensionsanspruch, erwirbt und daher sozial besser und vor allem eigenständig abgesichert ist. „Durch die fast durchgängige Anbindung sozialstaatlicher Leistungen an Erwerbseinkommen und die sozialrechtliche Privilegierung der Hausfrauenehe, wird auch über die Systeme sozialer Sicherheit die Hierarchie im Geschlechterverhältnis aufrechterhalten und reproduziert."(160)

Daher ist zu fragen, wie diese strikte Dualität aufgelöst, und wie diese in unserer Gesellschaft unsichtbare Arbeit sichtbar gemacht werden kann. Ferner sind mögliche Strategien bezüglich der Frage, welche Voraussetzungen dafür nötig wären, um beiden Arbeitsbereichen den gleichen gesellschaftlichen Wert zuzuerkennen, zu diskutieren und auszuarbeiten. Denn nur durch eine gesellschaftliche Anerkennung der Reproduktionsarbeit ist auch die soziale Absicherung jener Menschen zu gewährleisten, welche diese Arbeit in unserer Gesellschaft leisten.

Im Zuge von Gender Mainstreaming werden solche Fragen allerdings gar nicht oder nur tendenziell gestellt. Beim Konzept Gender Mainstreaming geht es vor allem darum, Frauen insbesondere in nichttraditionellen Bereichen zu integrieren, und auch zu fördern. Mal davon abgesehen, dass dies auch schon eine Forderung der Frauenförderpolitik war und keineswegs von Gender Mainstreaming BefürworterInnen erfunden worden ist, vermisse ich bei diesen Forderungen die konkreten Vorschläge von Förderungen für Männer in für sie nichttraditionellen Bereichen. Freilich hätte diese Förderung m.E. nur dann eine Chance, wenn sie mit der Aufwertung dieser Bereiche einhergeht. Nur wenn sogenannte Frauensparten attraktiver – bezüglich Gehalt und Karrierechancen bzw. eigenständiger Absicherung – werden, können wir mit einem Ansteigen des Interesses von Männern für diese Bereiche rechnen.

Außerdem genügt es nicht immer wieder die Möglichkeit anzusprechen, dass auch Männer Betreuungspflichten übernehmen bzw. vermehrt in Karenz gehen sollten, wenn nicht zeitgleich darüber nachgedacht wird, das Lohnniveau zwischen traditionellen Männer- und Frauendomänen anzugleichen. Denn nur wenn beide Elternteile in etwa gleich viel verdienen, ist eine ernsthafte Überlegung, wer die Betreuungsaufgaben übernimmt, für das Elternpaar überhaupt – finanziell – möglich.

Auch für die von Armut am meisten betroffene bzw. gefährdete Gruppe der AlleinerzieherInnen, hätte diese radikale Angleichung des Lohnniveaus, und die Anerkennung der Reproduktionsarbeit positive Folgen. Denn nur durch eine bessere finanzielle Absicherung ist auch ein sozial eigenständiges abgesichertes Leben möglich.

Die Forderung gleicher Lohn für gleiche Arbeit ist m.E. allerdings zu kurz gegriffen, da diese Forderung sehr viele Faktoren überhaupt nicht tangiert bzw. problematisiert. Zeitgleich müsste eine grundsätzliche Diskussion darüber stattfinden, wie und mit welchen Kriterien Arbeitsfelder bewertet werden. Denn wie

Barbara Stiegler protokolliert „werden verschiedene Arbeitsbewertungssysteme mit unterschiedlichen Bewertungslogiken für die Arbeitsplätze bei ein und demselben Arbeitgeber verwendet: das führt dann im Effekt häufig dazu, dass die typischen Frauentätigkeitsbereiche unterbewertet sind."(161) Das bedeutet, dass Frauen in unserer Gesellschaft von vornherein als diejenigen betrachtet werden, welche ihr Hauptbetätigungsfeld in der Reproduktionsarbeit haben, und daher der Verdienst von Frauen oft nur als Zuverdienst gewertet wird. Daher wird ihre Tätigkeit anders beurteilt als jene der Männer, bei denen man davon ausgeht, dass sie eine durchgängige Arbeitsbiographie im Sinne der derzeit geltenden Auslegung von Arbeit haben werden.

Es steht bei Frauen also nicht ihre konkrete Arbeit in Vordergrund, sondern sie werden als Geschlecht mit den ihnen zugesprochen Pflichten wahrgenommen, und von daher wird ihre Arbeit anders bewertet. Diese Aussage gilt vor allem für frauendominierte Arbeitsbereiche, ist aber in abgeschwächter Form sehr wohl auch in sogenannten Männerberufen vorzufinden. „Eine der wesentlichen Mechanismen zur Abwertung der Frauenarbeit besteht darin, dass nicht die konkreten Arbeitstätigkeiten von Frauen analysiert werden, sondern Frauen vielmehr als ganze Person gesehen werden, als solche eingesetzt werden und dann dem gesellschaftlichen Wert und der gesellschaftlichen Funktion ihres Geschlechts entsprechend niedrig bezahlt werden."(162) Oder andersherum ausgedrückt „Familie erscheint für männliche Planungssicherheit bzw. -risiken in der Tat irrelevant: Ob verheiratet oder nicht, ob Vater geworden oder nicht, Familie ist unter der Verzeitlichungsperspektive des männlichen Lebenslaufs realiter kein Strukturgeber."(163) Im Gegensatz dazu ist der weibliche Lebenslauf massiv davon betroffen, und keineswegs als irrelevant zu bezeichnen.

Daher ist es m.E. auch nicht zielführend sich „nur" auf die Erweiterung der Berufswahl von Mädchen und Jungen zu konzentrieren, um vor allem bei Mädchen das Interesse für sogenannte Männerberufe aber auch vica verca zu wecken. Wird das oben genannte Problem als eine Tatsache anerkannt – und darin besteht kein Zweifel, wenn man sich vergegenwärtigt, dass Frauen auch in gleichen Sparten nach wie vor weniger verdienen als Männer –, dann lässt sich die Hierarchisierung der Geschlechter sicher nicht damit aufheben, dass vermehrt Frauen in Männerdomänen gesichtet werden. Sondern es müsste zeitgleich eine Auseinandersetzung darüber stattfinden, nach welchen Kriterien Arbeit bewertet wird.

Damit will ich keinesfalls ausdrücken, dass die sogenannte geschlechtsspezifische Berufswahl kein Problem darstellt, aber die vielfältigen Schwierigkeiten, denen Frauen am Arbeitsmarkt ausgesetzt sind, können sicher nicht nur mit der „geschlechtsspezifischen Berufswahl" erklärt werden. Es sollte auf alle Fälle zeitgleich ein Diskurs über die unterschiedliche Bewertung von Arbeit, und weshalb es dazu kommt, – nämlich indem Frauen alleine für die Reproduktion zuständig erklärt werden – stattfinden. Denn „erst wenn sich die Doppelorientierung auf

Familie und Beruf gesellschaftsstrukturell zum Entwurf eines Normallebenslaufs verdichtet und normalisiert, kommen Frauen und damit Familie und Weiblichkeit aus ihrer strukturschwachen Position gesamtgesellschaftlich heraus."(164)

Wie einige Forderungen von Gender Mainstreaming im Arbeitsmarkt umgesetzt werden können, haben Susanne Loudon und Hilde Stockhammer bei einem gemeinsamen Projekt mit den Arbeitsmarktservice Österreich heraus-gefiltert. Ihr Ziel war es unter anderem ein neues Leitbild für Führungs-qualitäten zu erstellen, um Frauen vermehrt in Führungspositionen zu integrieren. „Ein neues Verständnis von Führung als eigener Qualifikation war unsere Zielsetzung."(165) Als gleichstellungsfördernde Maßnahmen wurde z.B. flexible Arbeitszeitregelungen, die Möglichkeit auch als Führungskraft Teilzeit zu arbeiten, Weiterbildungsmöglichkeiten auch für karenzierte MitarbeiterInnen, Kinderbetreuung bei den Seminaren und die Möglichkeit verschiedener Teleausbildungen gefordert, und teilweise auch eingeführt.(166) Leider ist keine genaue Evaluation bzw. Beschreibung wo, was, und mit welchem Erfolg die einzelnen Forderungen umgesetzt werden konnten, angeführt.

Dessen ungeachtet ist unbestritten, dass dies ein Ansatz ist, welcher auf alle Fälle auch weiterhin gefördert, aber auch sehr genau beobachtet werden sollte. Es sollte der Blick dafür geschärft werden, was in anderen Berufssparten bzw. in anderen Organisationen passiert. Denn die Befürchtung, dass Gender Mainstreaming zu einer Alibi-Aktion werden könnte, verhärtet sich, wenn man das Buch „Gender Mainstreaming und Jugendsozialarbeit" von Ruth Enggruber liest. Sie schreibt: „Der Eindruck, dass dies [Gender Mainstreaming zu entwickeln, zu organisieren und zu evaluieren] möglicherweise noch einige Zeit auf sich warten lassen wird, drängt sich auf, wenn in den soeben vom Forum Bildung herausgegebenen Empfehlungen zur ‚Qualitätsentwicklung und Qualitätssicherung im internationalen Wettbewerb' (2001) Gender Mainstreaming oder die Förderung der Gleichstellung von Frauen und Männern gar nicht erwähnt werden."(167)

Durch das Aufzeigen dieser Probleme dürfte sichtbar gemacht worden sein, dass der Arbeitsmarkt ein wichtiger Ansatzpunkte für Gender Mainstreaming wäre, sofern Gender Mainstreaming nicht von vornherein durch neoliberale Strukturanpassungspläne verunmöglicht wird. Denn wie Susanne Schunter Kleemann vermerkt, „reicht [es] einfach nicht aus, einen GM-Ansatz in der Arbeitsmarktpolitik zu proklamieren, wenn die gleichzeitig forcierten Politiken der Privatisierung des Öffentlichen Dienstes, der Flexibilisierung und Deregulierung der Arbeitsverhältnisse, die Einführung von Niedriglohnsektoren und der Dezentralisierung von Tarifverhandlungen den Frauen voll ins Gesicht schlagen. *Jede dieser nun europaweit umgesetzten neoliberalen Wirtschaftsstrategien geht voll zu Lasten des weiblichen Geschlechts* und kann durch ein noch so gutes GM auch nicht ansatzweise aufgefangen und kompensiert werden."(168) (Herv. von mir)

5.4. Die Aussichten bezüglich Gender Mainstreaming

Wie sind nun die Hindernisse und die Möglichkeiten von Gender Mainstreaming zu beurteilen, einer Strategie, welche selbst für Interessierte nicht immer zur Gänze durchschaubar ist? Das Konzept beinhaltet viele verschiedene Handlungsfelder und ist eine Strategie ohne konkrete Inhalte. Jede Organisation oder Firma und jedes politische Ressort muss für sich selber klären, was sie für relevant halten und was nicht.

Genau da registriere ich wieder einmal eine der vielen Schwachstellen von Gender Mainstreaming. Denn in den Ausführungen zur Umsetzung dieser Strategie in Organisationen wird m.E. viel zuwenig auf die vielfältigen Machtverhältnisse und Strukturen eingegangen. Es wird nicht darüber informiert, dass der Prozess des Gender Mainstreaming auch durch unsichtbare Machtfäden, die nicht wirklich benennbar oder sichtbar sind, boykottiert werden können.

Die Frage ist auch, welche Veränderungen mit Gender Mainstreaming überhaupt zu erwarten sind und welche Grundvoraussetzungen erfüllt sein müssen, um Umgestaltungen überhaupt möglich zu machen.

5.4.1. Die neuen/alten Forderungen im Gender Mainstreaming

Die Forderungen von Geschlechterdemokratie etc. sind keine Erfindung von Gender Mainstreaming, sondern es ist sozusagen nur das neue Kleid für alte Forderungen der traditionellen Frauenpolitik. Dies sollten wir rund um den Wirbel bezüglich dieser neuen Strategie nicht vergessen. Denn wenn davon die Rede ist, welche Grundvoraussetzung für das Gelingen von Gender Mainstreaming notwendig sind, nämlich „den Blick zu schärfen für die ungleiche Verteilung von materiellen, politischen und symbolischen-kulturellen Ressourcen zwischen den Geschlechtern,"(169) so ist anzumerken, dass Feministinnen diesen geschärften Blick auch schon vor Gender Mainstreaming hatten. Die ungerechte Verteilung von Ressourcen aller Art ist auch schon vor Gender Mainstreaming skandalisiert worden.

Sandra Smykall und Sandra Kotlenga hegen beide den Verdacht, dass die frauenpolitische Tradition bzw. Herkunft des Begriffs Gender Mainstreaming möglicherweise als Begründung herhalten muss, „um bisherigen gleichstellungspolitischen Instrumenten das Wirkungsfeld zu entziehen."(170) Dieser Verdacht ist m.E. nicht von der Hand zu weisen, vor allem wenn man bedenkt, dass Gender Mainstreaming, wie schon mehrmals erwähnt, eine Strategie bzw. Methode verkörpert, die erst mit Inhalten gefüllt werden muss. Welche Inhalte das nun sind, und welche Punkte als irrelevant abgetan werden können, darüber gibt es nirgends eine konkrete Auskunft. Die konkrete Umsetzung bleibt also jedem selbst überlassen, dabei „ wird suggeriert, dass die methodische Vorgehensweise [und] klar strukturierte Abläufe bereits die Umsetzung garantiere."(171)

Gender Mainstreaming soll also den bisherigen Zustand der angeblichen Objektivität bzw. Geschlechterneutralität des Handelns von Politik zumindest durch die Erkenntnis ersetzen, dass Entscheidungen nicht für alle Menschen die gleichen Auswirkungen haben. Von dieser Erkenntnis ausgehend, können Fragen nach den Auswirkungen der Entscheidungen, und wie diese zu verändern sind, gestellt werden. Aber auch diese Einsicht ist nicht neu, und auch diese Fragen wurden schon vor Gender Mainstreaming diskutiert.

Wenn Marianne Weg meint, dass Fragen wie „Ob Frauen und Männer möglichst ‚gleich' werden sollen, ob die Unterschiede zugelassen bzw. erhalten, aber die Unterschiedlichkeit als gleichwertig und frei von Diskriminierungsfolgen anerkannt und behandelt werden soll, oder ob durch Strukturveränderungen die Kategorie Geschlecht immer mehr aufgelöst werden soll"(172) von den jeweiligen Beteiligten selbst auszuhandeln sind, dann ist das m.E. damit gleichzusetzen, dass Frauen die kritische Haltung gegenüber der patriarchalen Gesellschaft aufgeben, und glauben, es würde sich von selbst alles in Wohlgefallen auflösen. Dass das nicht passieren wird, ist die eine Sache, dass Frauen trotzdem mit und nicht gegen Gender Mainstreaming arbeiten müssen, ist die andere, und liegt vor allem daran, weil finanzielle Beihilfen für Projekte fast ausschließlich nur noch dann zu bekommen sind, wenn diese in irgendeiner Weise den Stempel von Gender Mainstreaming vorweisen können.

Um allerdings so effizient wie möglich mit diesem Konzept arbeiten zu können, ist es nicht nur notwendig soviel wie möglich über dieses Konzept in Erfahrung zu bringen, sondern man sollte auch über denkbare Probleme und Hindernisse sehr genau Bescheid wissen.

5.4.2. Das Problem der nicht definierten Ziele

Der feministische Anspruch durch Gender Mainstreaming in Wirtschaft und Politik ein geschlechtergerechtes Gesamtkonzept zu installieren, welches schon im Vorfeld auf mögliche Gefahren hinweist, hat sich in den meisten Fällen als Illusion erwiesen. Und zwar nicht nur, weil in den meisten Organisationen kein kritisches Potenzial bezüglich Geschlechterfragen vorhanden ist, sondern vor allem deshalb, weil Gender Mainstreaming eine Methode bzw. Strategie ist, und selbst keine inhaltlichen Ziele vorgibt. Das bedeutet, jede Organisation legt selbst fest, was für sie wesentlich und was unwesentlich ist, welcher Zeitrahmen dafür als geeignet erscheint und auch, welche Fragen gestellt und beantwortet werden, und welche nicht. Damit ist allerdings der individuellen Auslegung von Geschlechtergerechtigkeit Tür und Tor geöffnet. Denn das Ziel „Gleichstellung der Geschlechter" lässt sehr viele Auslegungsvarianten zu, und ist infolge dessen ungeeignet als klare Zielvorstellung zu dienen.

Wie viele Auslegungsmöglichkeiten die Strategie Gender Mainstreaming beinhaltet sieht man auch daran, dass es für jeden etwas anderes bereithält. Für die einen ist es die intensive Weiterführung von Frauenpolitik mit mehr Kompetenzen, für die anderen ist es ein Konzept, das vor allem alternative Männlichkeitsmodelle lebbar werden lässt, und wieder andere sehen darin nichts anderes als eine ökonomische Ausbeute der Humanressource Mensch, welche die bestehenden Geschlechterkonzepte nicht grundlegend hinterfragt, sondern für ihre Zwecke ausnützt. Daher wäre es m.E. sinnvoll, grundlegende Ziele festzulegen und diese auch ganz klar zu definieren. Denn Gender Main-streaming ohne klar definierte Ziele verkommt zur Beliebigkeit von vorgetäuschten Gleichstellungsabsichten.

Natürlich müssen nicht nur klar definierte Endabsichten, sondern auch Bildungsprozesse mit verschiedenen Schwerpunkten dafür in Gang gesetzt werden, um die Gendersensibilität auszuweiten und Interesse für gesellschaftskritische Fragen zu wecken.

Solche Bildungsprozesse werden im Gendertraining eingeleitet. Um also nachhaltige Veränderungsprozesse ernsthaft in die Wege zu leiten, wird es neben einer – dabei betone ich ausdrücklich gewollten und aufrichtigen – Auseinandersetzung mit gesellschaftskritischen Fragen, auch mehrtägige Gendertrainings benötigen, denen zusätzlich ernsthafte Aushandlungsprozesse innerhalb der Organisation folgen müssen. Dafür sind allerdings nicht nur menschliche, sondern vor allem auch finanzielle Ressourcen unumgänglich.

5.4.3. Die Verankerung in Organisationen

Es wird immer wieder darauf hingewiesen, dass man darauf gefasst sein muss, dass die einzelnen Organisationen trotz Gender Mainstreaming ziemlich träge auf Veränderungen reagieren werden. Gabriele von Ginsheim in ihren Ausführungen: „Mögliche Widerstände sind allerdings auch deshalb mitzubedenken, weil die Thematik, die Gender Mainstreaming ins Spiel bringt, auch die persönliche Indifferenzzone der Mitarbeiter und Mitarbeiterinnen in Organisationen berührt und die neue Strategie damit auch die eigene persönlichen Ansichten und Einstellungen der Mitarbeiter und Mitarbeiterinnen betrifft."(173) Ferner ist zu beachten, dass Gender Mainstreaming mit großer Wahrscheinlichkeit von den MitarbeiterInnen auf allen Hierarchieebenen skeptisch gegenüber gestanden wird, da teilweise persönliche Gewissheiten, Überzeugungen etc. in Frage gestellt werden.

Bekanntermaßen lässt sich eine Organisation nicht nur in verschiedene Ebenen aufteilen, die nacheinander analysiert und „gegendert" werden können, sondern sie stellt immer auch ein gewisses verstecktes Hierarchieverhältnis dar. Da gibt es MitarbeiterInnen, die eine gewisse Erfahrung mit Macht, Machtausübung oder Machterhalt mitbringen, oder diejenigen, die durch Diskriminierung immer schon in den Hintergrund und in die Sprachlosigkeit gedrängt wurden. Wie soll es anhand der Methode Gender Mainstreaming gelingen, auch das inoffizielle Machtnetz zu durchbrechen? Wie ist es möglich, prägende Vorkommnisse und handlungsleitende Vorgaben, die nirgends geschrieben stehen und trotzdem als umfassend anzusehen sind, zu überwinden?

Die meisten Organisationen in unserem Kulturkreis könnte man wohl dahingehend beschreiben, dass ein asymmetrisches Geschlechterverhältnis vorherrscht, das die einzelnen MitarbeiterInnen auf die eine oder andere Weise prägt. Wie hoch sind in diesem Labyrinth von realer Macht und latenter Ohnmacht die konkreten Chancen, dass sich jemand offen gegen seinen/ihre ChefIn stellt, weil irgendwelche Forderungen bezüglich Gender Mainstreaming nicht erfüllt werden, und er/sie sich damit in die Gefahr begibt, bei der nächsten Gelegenheit den Arbeitsplatz zu verlieren. Schunter-Kleemann meint dazu: *„Die neuen Optionen werden [...] grandios überzeichnet* und ignorieren gerade jene tief verankerten sozialen und kulturellen Regulierungsmuster, die in Betrieb und Gesellschaft zur ungleichen Verteilung von Entscheidungs-, Weisungs- und Kontrollbefugnissen führen."(174) (Herv. von mir) Und auch Albert Scherr führt in seinen Ausführungen an, dass außerdem „damit zu rechnen [ist], dass Organisationen als ‚historische Systeme' (Luhmann [...]) ganz generell auf der Grundlage verfestigter Strukturen [...] – und folglich relativ träge – auf solche Veränderungszumutungen reagieren."(175)

Es wird also übersehen bzw. vernachlässigt, dass wir es mit Interessen und Machtstrukturen zu tun haben, welche nicht einfach durch Informationsveranstaltungen und Sensibilisierungworkshops wie z.B. einem Gender Training aus der Welt geschafft werden können, wenn der- oder diejenige das nicht wirklich will. Erst mit einer positiven Grundhaltung, welche die Asymmetrien wirklich wahrnehmen möchte, und einer Bereitschaft, die dahingehend führt, dass man Vergünstigungen nicht nur erkennt, sondern gegebenenfalls auch darauf verzichtet, wird ein Wandel möglich sein.

Eine Einstellung wie die eben beschriebene, ist zwar mit einem Gendertraining möglicherweise zu kräftigen, aber die Grundhaltung muss, wie im vorigen Kapitel schon angesprochen, zuvor schon vorhanden sein. Ansonsten bleibt es wie so oft bei leeren Gleichstellungsbekundigungen, denen keine Taten folgen. Es sollte also nicht vergessen werden, dass, auch wenn jemand das Banner „Gender Mainstreaming" oder „Gleichstellung" vor sich herträgt, noch lange nicht geklärt ist, ob das Interesse und die Aktivität rund um Gender Mainstreaming nicht durch ein konkretes „Nichtstun" im Hintergrund wieder neutralisiert wird. Denn Worte allein sind noch keine Taten, durch das Bekennen zur Gleichstellung wird sie noch nicht eingeleitet, und schon gar nicht verwirklicht. Außerdem besteht die Gefahr, wie Gabriele Rosenstreich in ihrem Artikel „Gender Mainstreaming: für wen?"(176) anführt, dass „höchstens einzelne Forderungen im Mainstream aufgegriffen und vereinnahmt werden und damit die Interessen von Frauen bis zur Unkenntlichkeit oder Bedeutungslosigkeit verzerrt werden. *Es wird befürchtet, dass die postulierte Integration von Feminismus in der Tat die Assimilation im Patriarchat bedeutet.*"(177) (Herv. von mir)

5.4.4. Die Datenerhebung und das Problem der Verwertung

Eine Fragestellung sollte sich außerdem mit dem Sinn der immensen Datenbeschaffung im Zuge von Gender Mainstreaming beschäftigen. Denn mit der Datenbeschaffung, z.B. durch eine Gender Analyse alleine wird sich noch nichts verändern. Dieser Meinung ist auch Mascha Madörin wenn sie schreibt, „ohne politische ‚Verwertung' sind die neuen gleichstellungspolitisch interessanten Daten nutzlos, außer dass das Faktum, dass sie produziert werden, bereits einen gleichstellungspolitischen Akt darstellt."(178) Erst wenn diese Daten auf die eine oder andere Weise ausgewertet bzw. bewertet und in Handlungen umgesetzt werden, sind sie (für wen auch immer) sinnvoll.

Nun ist es aber evident, dass Daten auf verschiedene Weise ausgelegt werden können, und es aus diesem Grund immer darauf ankommen wird wie diese Daten interpretiert werden. Denn wie Hannah Arendt schon feststellte, ist „Statistik, die mathematische Manipulation der Wirklichkeit,"(179) und keinesfalls eine in Zahlen gegossene Realität. Wenn also durch Gender Mainstreaming ein gewaltiger Berg von Daten analysiert werden muss, stellt sich die Frage, wer interpretiert was, unter welcher Voraussetzung und mit welcher Zielsetzung im Hintergrund, denn das sind im Endeffekt die grundlegenden Fragen, die das Endresultat nicht nur beeinflussen, sondern bestimmen werden.

Es wird also immer auch um die Entscheidung gehen, „was die Daten, so sie denn vorliegen, eigentlich aussagen, in welchem Sinne die Differenzen, die sich in ihnen zeigen, zu verstehen sind, was dann daraus folgt [...]. Einen eingebauten Mechanismus jedenfalls, der die Weichen so stellt, dass Strukturdefizite in den Blick kommen statt geschlechtsspezifische Eigenschaften oder Vorlieben und daraus politische Konsequenzen gezogen werden, die sich am Abbau dieser Strukturdefizite orientieren, gibt es nicht,"(180) wie Angelika Wetterer besorgt anmerkt. Im „Leitfaden Gender Mainstreaming", der vom Frauenbüro Wien herausgegeben wurde, wird protokolliert: „*Die Interpretationen dessen wie Gender Mainstreaming politisch umzusetzen ist, hängen vom politischen Willen der EntscheidungsträgerInnen ab, deren Bedeutung so auch unterstrichen wird.*"(181) (Herv. von mir)

Wie man sieht, wird durch die immense Datenbeschaffung, welche mit Gender Mainstreaming einhergeht, das Problem, wer wofür, warum und in welchem Ausmaß zuständig ist, nicht kleiner, und schon gar nicht gelöst.

5.4.5. Möglichkeiten und Hindernisse

Wie die meisten Dinge im Leben, so hat auch Gender Mainstreaming zwei Seiten. Es beinhaltet Chancen genauso wie Risiken, demzufolge wird es darauf ankommen, wer was, wie nutzt. Denn eine Chance nützt niemandem, wenn sie nicht ergriffen wird, und ein Risiko kann man zuweilen in sein Gegenteil verkehren, sofern man es früh genug erkannt und für sich genutzt hat. In diesem Sinne sind auch die nachfolgenden Beschreibungen zu verstehen.

Sieht man einmal vom extrem expertokratischen Ansatz(182) ab, der es Laien sehr schwer macht, diesen neuen Begriff mit ganz konkreten Vorstellungen zu verbinden, sind die Gefahren von Gender Mainstreaming unter anderem darin zu sehen, dass eine zu starke Fixierung auf die Unterschiede zwischen den Geschlechtern stattfindet, und daher die etwas verkürzte Sichtweise, dass diese Unterschiede naturgegeben sind, verhärtet werden könnte.

Eine weitere sehr reelle Gefahr besteht darin, dass Frauenförderung durch Gender Mainstreaming abgelöst wird. Denn obwohl immer wieder auf die Wichtigkeit der Doppelstrategie hingewiesen wird, sieht es in der Realität meist so aus, dass die erforderlichen Geldmittel dafür erfahrungsgemäß nicht zur Verfügung stehen, oder es wird überhaupt auf die Bedeutungslosigkeit der Frauenpolitik hingewiesen, da diese jetzt sowieso im Gender Mainstreaming integriert, und somit eigentlich unnötig ist. „Die 1998 von Bundeskanzler Schröder [...] verfügte Auflösung des niedersächsischen Frauenministeriums mit der vielversprechenden Begründung, Frauenpolitik werde fortan von allen Ressorts der Landesregierung mitbearbeitet, war so ein Beispiel für die klassische, aber frauenpolitisch höchst *riskante Umsetzung* des GM-Ansatzes."(183) (Herv. von mir) Das hat unter anderem zur Folge, dass sich Frauenprojekte vermehrt die ohnehin knappen Finanzmittel mit Männerprojekten teilen müssen. Es kommt also immer wieder zur „Umverteilung von Finanzmitteln zu Lasten von Frauen."(184)

Ferner ist zu beachten, dass mit dem Verfahren Gender Mainstreaming nur eine Strategie benannt wird, die weder die Richtung noch genauen Inhalte vorgibt. Auch „die Instrumente der Umsetzung bleiben so gut wie unbenannt."(185) Das Risiko ist also sehr groß, dass bezüglich Gleichstellung nur das umgesetzt wird, was marktkompatibel und finanziell leicht zu verwirklichen ist.

Mit dem Ansatz von Gender Mainstreaming ist die Gefahr verbunden, dass mit der Umsetzung dieser Strategie reale gesellschaftliche Machtverhältnisse ausgeblendet werden.

Die Chancen sind m.E. vor allem darin zu sehen, dass der Blick auf Aktionsfelder ausgeweitet wird, die bis dato als geschlechtsneutral angesehen wurden. Dadurch wird sichtbar gemacht, dass es keine geschlechtsneutralen Entscheidungen gibt, und die Chancen, dass sich vermehrt etwas in Richtung Geschlechtergerechtigkeit bewegt, sind potentiell größer.

Überdies werden Entscheidungsprozesse nicht mehr nur vom Fachpersonal entschieden, sondern zunehmend unter Einbeziehung von GenderexpertInnen unter anderen Gesichtspunkten neu überdacht. Durch diese fachübergreifende Kommunikation wird ein Einsickern der Geschlechterfrage in alle Ressorts erleichtert, Diskussionen, welche die Geschlechterfrage betreffen finden vermehrt statt, infolgedessen wird die Geschlechterfrage nicht mehr nur als Frauenproblem wahrgenommen. Zusätzlich wird durch diese Diskussionen, falls sie wirklich ernsthaft geführt werden, die Organisationsentwicklung verbessert, da Gender Mainstreaming als prozessorientierte Methode alle Entscheidungsprozesse grundsätzlich neu überdenkt.

Dass Männer als Bündnispartner gewonnen werden können, da nicht mehr von Frauen, sondern von Gender die Rede ist, wird auch immer wieder als Chance dargestellt. Ob sich diese Chance allerdings bewahrheitet, wird noch abzuwarten sein, denn gegenwärtig hält sich das Interesse der Männer noch in Grenzen.

6. „Gender Mainstreaming" in der Offenen Jugendarbeit

> *„Positivutopien als Wunschbilder einer idealen Gesellschaft können das Denken anregen und auf neue Zielsetzungen lenken. Sie lassen uns über Sinn und Unsinn unserer gesellschaftlichen Wirklichkeit nachdenken."* (186)

Wenn man bedenkt, dass die Lebensphase der Jugend geprägt ist von der Suche nach dem eigenen Lebensweg, und man ebenso die Tatsache im Blickpunkt behält, dass dies eine Lebensphase ist, in der noch sehr viel möglich erscheint, und die Aussichten, einen Weg zu gehen, der nicht den bestehenden gesellschaftliche Normen entspricht, als sehr verlockend wahrgenommen wird, wird klar, weshalb das Konzept Gender Mainstreaming in dieser Umbruchs-phase als sehr hilfreich und nützlich für den Umgang mit Jugendlichen eingestuft wird. Denn genauso wie das Leben der Jugendlichen noch in viele Richtungen offen ist, stellt auch Gender Mainstreaming ein Konzept dar, welches das Ziel, die Geschlechtergleichstellung zwar vorgibt, aber der Weg dorthin kann und soll jeweils selbst gewählt, erprobt und erfahren werden. Allerdings sollte man die Tatsache nicht aus den Augen verlieren, dass es nicht ausreichend sein wird, das Geschlecht als einziges Unterscheidungskriterium zu verwenden um die Situation von Jugendlichen zu verstehen.

Dabei möchte ich an die Worte von Susanne Schunter-Kleemann erinnern: „GM in der Praxis eingesetzt, ist eine komplexe und anspruchsvolle Methode und setzt eine Kette von organisationspolitischen und statistischen Verfahrensschritten (Bestandsaufnahme, Begleitforschung, Evaluation und Kontrolle) voraus. Organisationsspezifisches Problembewusstsein und Fachkompetenz der leitenden Akteure ebenso wie feministische Grundkenntnisse und -überzeugungen sowie frauenpolitische Mobilisierung sind gleichermaßen erforderlich, wenn die Geschlechtsspezifik von Organisationsstrukturen und politischen Aushandlungsprozessen aufgedeckt und die Geschlechtergleichstellung vorangebracht werden sollen."(187) Was das für die Umsetzungsthematik im Bereich der Offenen Jugendarbeit bedeutet, werde ich in diesem Kapitel bearbeiten.

Ich werde den Fragen nachgehen, was „Offene Jugendarbeit" überhaupt ist, welche Handlungsfelder, Einrichtungen und Prinzipien damit verknüpft sind, und einen kurzen Einblick in die Geschichte der Offenen Jugendarbeit geben, wobei ich mich großteils auf Vorarlberg beziehen werde. Allerdings sind die Strukturen sicher Österreichweit vergleichbar und auch in Deutschland und in der Schweiz gibt es meines Wissens keine größeren strukturellen Abweichungen. Zu dieser

Erkenntnis bin ich während einer einwöchigen Fortbildung im Jänner 2004 in Liechtenstein gekommen. Bei diesem Seminar, welches die „Entwicklung der interregionalen Kooperation in der ‚Jugendarbeit' durch Jugendaustauschprojekte und vernetzte Jugendinitiative" zum Thema hatte, und vom Jungendinformationszentrum „aha" in Liechtenstein veranstaltet wurde, kamen die TeilnehmerInnen aus Österreich, Deutschland, Schweiz und Liechtenstein.

Bevor ich mich den Fragen zuwende inwieweit Gender Mainstreaming in der Jugendarbeit einsetzbar bzw. möglich ist, und welche Arbeitsschritte nötig wären, um dieses Konzept in eine Organisation zu implementieren, werde ich die verschiedenen Organisationsebenen, die im Zuge von Gender Mainstreaming als relevant erscheinen, kurz erläutern. Ich werde versuchen darzulegen, welche Fragen für die verschiedenen Organisationsebenen relevant wären und bearbeitet werden sollten, und welche Projekte bzw. Maßnahmen das zur Folge haben könnte. Denn will man Gender Mainstreaming ernsthaft implementieren, muss alles, was die Organisation betrifft, mitgedacht und auch mitanalysiert werden.

Lotte Rose hat die nötigen Punkte in einem Satz zusammengefasst: „Das, was in den jeweiligen Organisationen üblicherweise stattfindet, was Normalität und Routine ist, was gedacht, geredet, geplant, gestaltet, gemacht wird, was geschriebenes und ungeschriebenes Gesetz ist, was bewusst und planvoll gesteuert oder auch unbewusst absichtslos geschieht, was in räumliche, materielle, formale, finanzielle, diskursive und personelle Strukturen gegossen ist – also alles das, was den wirkungsvollen institutionellen Mainstream ausmacht, wäre demnach dahingehend zu überprüfen, ob und wie es eine Geschlechtergruppe benachteiligt, um dann gleichstellungsfördernde Maßnahmen zu ergreifen."(188) Diese Aussage wird mich in diesem Kapitel durchgehend begleiten.

Als letzten Schritt werde ich noch kurz auf ein Projekt der Offenen Jugendarbeit in der Stadt Zürich eingehen, die derzeit unter der Leitung von Prof. Monika Denis und Daniel Kunz gerade dabei ist, Gender Mainstreaming in der Offenen Jugendarbeit zu implementieren.

6.1. Was ist Offene Jugendarbeit?

Unter Offener Jugendarbeit ist ein Konzept zu verstehen, das alle Jugendlichen ansprechen sollte, und zwar ohne sie in irgendeine spezielle Richtung zu lenken oder ein Auswahlverfahren zu installieren, das entscheidet, wer das Angebot nutzen darf und wer nicht, d.h. es ist weder religiös noch ethnisch, sozial oder geschlechtlich in irgendeiner Weise in eine bestimmte Richtung hin orientiert. Ausnahmen sind die speziellen Zeiten für Mädchen oder Mädchentage, in denen den Burschen für eine gewisse Zeit der Zutritt in bestimmte Räumlichkeiten untersagt wird.

Allerdings ist dabei anzumerken, dass es „in Österreich [...] keine gültige Formulierung von Standards, wie Jugendklubs und Jugendzentren ausgestattet sein sollen [gibt],"(189) wie Heinz Schoibl in seinem Bericht „die aktuellen Standards in der Offenen Jugendarbeit" erläutert. Schoibl führt weiter aus, dass sich „im allgemeinen Mangel [...] ein blühendes Spektrum an durchaus lebendigen Einrichtungen etabliert [hat] – eigensinnig, autonom, widerständig und vielfach mit einer ausgeprägten Skepsis gegenüber dem (stark konsumorientierten) Establishment. Aus einer letztlich unzulänglichen Situation kann solcherart auch ein Gewinn für die Einrichtung abgeleitet werden: Frei von Mittel = frei von Einmischung."(190)

Im weiteren Verlauf der Arbeit werde ich mich also von dem „blühenden Spektrum an lebendigen Einrichtungen" ausschließlich auf Vorarlberg. Um die Grundsätze der Jugendarbeit in Vorarlberg besser zu verstehen, habe ich mich unter anderem mit der „Vorarlberger Erklärung zur Jugendarbeit" näher beschäftigt, nachzulesen unter http://www.koje.at.

6.2. Die Entstehung der Offenen Jugendarbeit in Vorarlberg

Die Offene Jugendarbeit entwickelte sich in Vorarlberg aus der Jugendbewegung der 1970er Jahre, welche die neue Jugendkultur verkörperte, und an deren Anfang ein Open Air Konzert, welches in der Nähe von Götzis veranstaltet wurde, stand.(191) „1973 wurde dann in Feldkirch das Jugendhaus Graf Hugo eröffnet"(192) (Herv. im Original), das auch heute noch, über 30 Jahre nach der Eröffnung, einen wichtigen Bestandteil der Offenen Jugendarbeit Feldkirch darstellt. In den darauffolgenden Jahren entstanden immer neue Jugendzentren, die sich schließlich „1978 zum ‚Dachverband der Vorarlberger Kommunikations- und Freizeitzentren' zusammen schlossen."(193) (Herv. im Original)

In den 1990er Jahren kam dann neues Leben in die Jugendarbeit, als eine Studie über die Offene Jugendarbeit in Vorarlberg durchgeführt wurde, die vom Land Vorarlberg in Auftrag gegeben und auch finanziert wurde. In dieser Studie, die unter dem Titel „No Risk No Fun" lief, wurden die strukturellen und die qualitativen Bedingungen der Offenen Jugendarbeit, der in der Untersuchung „unzureichende Ausstattung mit Ressourcen, schlechte Arbeits-bedingungen, hohe Fluktuation, mangelnde Qualifikation und Konzeption"[194] bescheinigt wurde, erfasst.

Um eine Verbesserung der Lage zu erreichen, wurden in verschiedenen Arbeitsgruppen Maßnahmenempfehlungen ausgearbeitet, welche in der „Vorarlberger Erklärung zur Jugendarbeit" zusammengefasst und von der Vorarlberger Landesregierung offiziell beschlossen wurden.(195) Um eine Vernetzung der Offenen Jugendarbeit zu gewährleisten, ging aus dem „Dachverband der Vorarlberger Kommunikations- und Freizeitzentren" schließlich im September 1999 die „koje" (Koordinationsbüro für Offene Jugendarbeit) hervor, in der zwei Halbtageskräfte angestellt wurden, und die seither von der Vorarlberger Landesregierung unterstützt und finanziert wird. Laut einem Telefongespräch vom 15. Juni 2004 mit der derzeitigen Geschäftsführerin und Koordinatorin der „koje" Mag. Sabine Liebentritt, gibt es aktuell 25 Mitglieder – welche insgesamt 43 Mitgliedseinrichtungen betreiben –, die in dieser Einrichtung verankert bzw. vernetzt sind.

6.2.1. Beschreibung der Offenen Jugendarbeit in Vorarlberg

Bei den Daten und Aussagen in den nächsten zwei Kapiteln stütze ich mich hauptsächlich auf den Bericht von Heinz Schoibl „Wohin geht die Offene Jugendarbeit?"(196), der im Internet unter http://www.jugendzentrum.at abrufbar ist. In diesem Bericht geht Schoibl auf die zentralen Ergebnisse ein, welche in verschiedenen Projekten zur „Weiterentwicklung der Offenen Jugendarbeit" erarbeitet wurden, und die im Sommer 2003, als die Evaluationsarbeit abgeschlossen war, präsentiert wurden. Mit dieser Evaluierung konnte ein wesentliches Ziel, nämlich die Weiterentwicklung der Offenen Jugendarbeit in Vorarlberg, verwirklicht werden. Denn „neben einem landesweiten Überblick über den Stand der Offenen Jugendarbeit liegt damit auch eine detaillierte Einschätzung der konkreten Situation der Offenen Jugendarbeit vor Ort/in den Regionen vor."(197) Wenn man eine positive Entwicklung in der Offenen Jugendarbeit vorantreiben will, ist eine „detaillierte Einschätzung" der derzeitigen Lage unumgänglich, um danach gemeinsam über weitere zweckmäßige und sinnvolle Schritte nachdenken zu können.

6.2.1.1. Die Situation der Jugendarbeit

Schoibl bestätigt für Vorarlberg eine ausreichende Versorgung mit Einrichtungen der Offenen Jugendarbeit, in denen auch zum überwiegenden Teil hauptamtliche MitarbeiterInnen beschäftigt sind. Allerdings gibt es – wie Schoibl kritisch anmerkt – vor allem in den kleineren Gemeinden oft nur eineN BeschäftigteN, und insgesamt gesehen ist der überwiegende Teil der Beschäftigten nur Teilzeit angestellt. Außerdem ist eine hohe Fluktuationsrate zu verzeichnen, welche mit einem immer wiederkehrenden Knowhow-Verlust verbunden ist, da viele Angestellte entweder in höher dotierte Jobs oder in anerkanntere Berufsfelder umsteigen. Um diese Tatsache wirksam bekämpfen zu können, schlägt Schoibl Maßnahmen vor, welche die „beruflichen Perspektiven in diesem Arbeitsfeld [verbessern]."(198) Entwicklungsbedarf sieht er auch bezüglich der Qualitätssicherung. Denn obwohl der Trend in Richtung höhere Qualifizierung geht und daher „viele JugendarbeiterInnen entweder in höherer Berufsausbildung stehen (19%) oder bereits eine gute einschlägige Grundqualifikation (50%) vorweisen können,"(199) ist vor allem in den kleineren Treffs ungenügend qualifiziertes Personal beschäftigt. Auf diesen Missstand geht auch „die Vorarlberger Erklärung zur Jugendarbeit" ein, wenn es im Artikel 18.1. heißt: „Zur Behebung des Bildungsnotstandes in der Offenen Jugendarbeit sind regelmäßige, planmäßige und aufbauende Angebote zur berufsbegleitenden Aus- und Weiterbildung [...] zu schaffen."(200) Von daher besteht zwar punktuell Nachholbedarf in der Fortbildung, damit eine qualifizierte und bedarfsorientierte Jugendarbeit angeboten werden kann, Heinz Schoibl bemerkt aber, dass sich „insgesamt gesehen [...] eine zunehmende Qualifizierung der Offenen Jugendarbeit belegen [lässt]."(201)

6.2.1.2. Die Sachlage der Angebote

In Vorarlberg dominiert in der Offenen Jugendarbeit im Wesentlichen der „offene Betrieb". Das bedeutet, dass sich die Jugendlichen in den Jugendhäusern der verschiedenen Städte zu den jeweiligen Öffnungszeiten ungestört und ohne Konsumzwang treffen können. Es werden allerdings Alkoholfreie Getränke und kleinere Gerichte zum Selbstkostenpreis, angeboten, es besteht aber keine Verpflichtung etwas zu konsumieren.

Rund um diese Basisversorgung wird ein breites Angebot an „jugend-spezifischen Fun-, Sport- und Kulturangeboten (Event, Contest, Party und Disko bis hin zu Konzerten und/oder überhaupt Festivals mit breitem Kulturprogramm)"(202) angeboten. Diese Veranstaltungen sind freilich von Region zu Region in sehr unterschiedlicher Konzentration verankert, was sicherlich nicht zuletzt auch mit den finanziellen Möglichkeiten der Gemeinden zusammenhängt. Schoibl führt aus, dass „zwar immerhin noch in etwa der Hälfte der OJA [Offene Jugendarbeit] – Einrichtungen kontinuierliche und systematische Angebote zur Förderung von: Mädchenarbeit – interkultureller Arbeit – Jugendbeteiligung und Mitbestimmung – kreativer und aktivierender Freizeit (Workshops aller Art) [zu finden sind]. [....] [Dass hingegen] Jungenarbeit – soziale Gruppenarbeit – mobile Jugendarbeit sowie spezielle Serviceangebote wie Lernhilfe/Jugendberatung/Hilfestellung bei der Jobsuche und/oder bei der Bewältigung von Jugendarbeitslosigkeit etc."(203) nur noch sporadisch und vereinzelt angeboten werden.

6.2.2. Handlungsfelder der Offenen Jugendarbeit

„Der Begriff ‚Einrichtungen offener Jugendarbeit' versteht sich als Überbegriff für alle Jugendinitiativen, die nach dem Prinzip der Offenheit konzipiert sind,"(204) "offen" im Sinne der Weltanschauung, arbeitsinhaltlich und bezüglich der Arbeitsmethoden. Da die Nutzung der verschiedenen Einrichtungen alle auf der Grundlage der Freiwilligkeit beruhen, müssen die Angebote attraktiv und vielfältig gestaltet sein, damit sie möglichst viele Jugendliche ansprechen. Ferner ist auf einen bequem erreichbaren Standpunkt zu achten, welchen die Jugendlichen auch ohne eigenes Motorrad oder Auto leicht und auch sicher (öffentliche Verkehrsmittel) erreichen können.

Die Bereiche und Angebote der Offenen Jugendarbeit sollten als Übungsfelder für Jugendliche dienen, in denen Verhaltensmuster oder Meinungen gelebt und geäußert werden können, ohne gesellschaftliche Sanktionen befürchten zu müssen. Des Weiteren sollte sie Beratung und Information anbieten, die auch anonym in Anspruch genommen werden kann.(205)

6.2.3. Prinzipien der Offenen Jugendarbeit

„Jugendzentren erfüllen wesentliche Aufgaben: Sie bieten Jugendlichen unter anderem Freiräume zu Experiment und Innovation, zu Emanzipation und Regeneration, Kommunikation und Kooperation, zum Erfahren und Erproben demokratischer Strukturen."(206) Nimmt man diese Zeilen ernst, dann liegt die Hauptaufgabe der MitarbeiterInnen darin, Jugendliche in ihrer Selbstorganisation zu stärken, indem man offen, flexibel und vorurteilsfrei auf ihre Bedürfnisse reagiert. Der Aufgabenbereich der JugendarbeiterInnen ist somit mannigfaltigst, und erfordert die Bereitschaft, auf alle Fragen und Probleme der Jugendlichen einzugehen. Bezüglich dieses „mannigfaltigen Aufgabenbereiches" ist im Metzler Lexikon „Gender Studies/Geschlechterforschung" unter Jugendkultur nachzulesen, „Heute bezeichnet Jugendkultur nicht mehr ein normatives pädagogisches Konzept, sondern Erscheinungsformen der jugendlichen Lebenswelt, Verhaltens- und Ausdrucksweisen, Werte und soziale Praxen, die der Jugend als Orientierung in Abgrenzung von der Welt der Erwachsenen dienen."(207)

Außerdem werden in Vorarlberg Prinzipien der Menschenwürde und Toleranz als wichtige und ernstzunehmende Themen behandelt. Denn diese Prinzipien sind nicht nur in der „Vorarlberger Erklärung zur Jugendarbeit" verankert, sondern sie sind auch, im Namen eines Jugendhauses in Dornbirn integriert. (Das Hauptgebäude der Offenen Jugendarbeit Dornbirn ist das „Vis.m.u.t.", hinter dieser Abkürzung, welche für „Vision: Menschenwürde und Toleranz" steht, ist ein Projekt gegen Gewalt und für die Integration angesiedelt, und sollte außerdem die

Leitlinien der Dornbirner Jugendarbeit hervorheben.)(208) In der „Vorarlberger Erklärung zur Jugendarbeit" ist außerdem zu lesen: „Ausgehend von einem grundsätzlichen Recht der Jugendlichen auf Bildung, Arbeit, Einkommen und soziale Sicherheit kommt [...] der Aufhebung von Benachteiligungen aufgrund von Geschlecht, Religion, kultureller Zugehörigkeit etc. besondere Priorität zu. [....] Offene Jugendarbeit ist [...] so auszurichten, dass alle Jugendlichen sowohl die Möglichkeit für eine eigenständige Entwicklung in dieser Gesellschaft als auch das Kennenlernen der jeweils anderen Gesellschaftsformen vorfinden."(209)

6.3. Wie kann man Gender Mainstreaming in der Jugendarbeit umgesetzen?

„Um GM tatsächlich zu einer erfolgreichen Strategie des geschlechtergerechten Umbaus von Organisationen zu machen, muss ein Wissen über den Zusammenhang von Vergeschlechtlichungsprozessen und allgemeinen Organisationsprozessen vorhanden sein, d.h. es muss bekannt sein, wie und nach welchen Logiken die Organisation als Ganzes funktioniert [Fachwissen], wie geschlechtliche Differenzierungen hier eingeschrieben sind und welche Funktion sie für die Organisation wie für die einzelnen „Mitglieder" erfüllen [Genderkompetenz]."(210) Dieses Wissen, dem Maßnahmen zur Umsetzung angeschlossen werden müssten, sollte mit den Betroffenen gemeinsam erarbeitet werden, da es nur dann zu langfristigen Veränderungen kommen kann, wenn alle MitarbeiterInnen diese Umgestaltung mittragen.

Für die Offene Jugendarbeit bedeutet das, dass es neben einem ausreichenden Budget auch einen genau definierten Auftrag mit verbindlichen Verantwortlichkeiten und klare theoretische Vorstellungen, also Leitlinien, geben muss, um Gender Mainstreaming als lebendige Strategie in einer Organisation zu verankern.

Will man die Implementierung im Bereich der Jugendarbeit ernsthaft voranbringen wird es notwendig sein, *alle Bereiche*, welche in der Offenen Jugendarbeit als relevant für den Prozess von Gender Mainstreaming angesehen werden, zu berücksichtigen. Heide Trommler zeigt Faktoren auf, die bei der Umsetzung von Gender Mainstreaming in der Jugendarbeit zu berücksichtigen sind. Dies sind unter anderem „Fragen nach der Geschichte der Organisation, ihrer Ideologie, Werte und Normen, ihrer Kultur, der Mitarbeitendenschaft, der Sexualität, der Autoritätsstrukturen, der Leistungsbeurteilung und des Budgets."(211) Das sind alles Fragen, die sich vor allem auf die Ebenen der Organisation und der MitarbeiterInnen beziehen. Es ist also nicht zielführend, sich nur auf die Ebene der Projekte zu konzentrieren, wie das bis jetzt in der Mädchen- und Jungenarbeit immer praktiziert wurde.

Um alle drei Bereiche, die für den Prozess von Gender Mainstreaming bedeutsam sind zu berücksichtigen, halte ich mich an die Vorschläge von Gabi Flösser. Sie hält:
1. „Die Ebene der Organisation – eine Strategie der Organisationsentwicklung"
2. "Die Ebene der Mitarbeitenden – eine Strategie der Personalentwicklung"
3. "Die Ebene der Konzepte und Ergebnisse – eine Strategie der Qualitätssicherung"(212)

für relevant.

Bis jetzt war es meist so (wie oben schon einmal erwähnt), dass die Geschlechtlichkeit zwar in Projekten – vor allem in Mädchenprojekten – diskutiert wurde, die Zusammensetzung der MitarbeiterInnen oder gar die Organisationsstrukturen wurden aber zumindest in der Praxis bis jetzt nicht problematisiert und schon gar nicht ernsthaft hinterfragt. Allerdings ist anzumerken, dass diese Forderungen nicht erst von und durch Gender Mainstreaming eingeklagt wurden, auch Gabriele Marth (und sicher nicht nur sie) hat in ihrem Referat „Standarderwartung Mädchenarbeit" schon deklariert, dass die „Grundlage jeglicher Auseinandersetzung mit Mädchen- und Jungenarbeit [...] die Bereitschaft zur Selbst-, Rollen-, Gesellschaftsreflexion und die Mitarbeit an Veränderungen [ist]. [....] Im Team ist es notwendig, Machtverhältnisse bei den MitarbeiterInnen und bei Jungs und Mädchen zu reflektieren. Es ist zu überprüfen, wie diese strukturell ungleichen Situationen von beiden Geschlechtern im Team und im Jugendbereich aufrechterhalten werden."(213) Mit Gender Mainstreaming sollen diese Forderungen nun endlich auch ernstgenommen werden, denn erst nachdem die Ebenen der Organisation und die der MitarbeiterInnen in einem Gender Mainstreaming Prozess mehr über die eigenen Strukturen erfahren hat/haben, und in Gendertrainings die eigene Geschlechtlichkeit gemeinsam mit den MitarbeiterInnen hinterfragt wurde, wird als letzte Maßnahme die Ebene der Projekte ins Blickfeld gerückt.

6.3.1. Die Ebene der Organisation

Will man Gender Mainstreaming wirklich ernsthaft implementieren, so muss zuallererst einmal „ein Nachdenken der Organisation über sich selbst unter der Maßgabe der Chancengleichheit zwischen den Geschlechtern"(214) stattfinden. Dies ist wichtig, da nur durch den Prozess des Nachdenkens über die Chancengleichheit in der eigenen Organisation (wie im vorigen Kapitel schon erwähnt) systematisch mehr Geschlechtergerechtigkeit in die Wege geleitet werden kann,

indem auch Fragen nach geschlechtsbezogener Benachteiligung innerhalb der Organisation auf der Tagesordnung stehen und diskutiert werden.
Bisher ist die institutionelle Ebene eher vernachlässigt bzw. gar nicht tangiert worden, die gesellschaftliche Aufgabe wurde, wenn überhaupt, fast ausschließlich im Anbieten von konkreten Mädchen- oder Jungenprojekten gesehen, während die Zusammensetzung der MitarbeiterInnen und auch die Organisationsstrukturen nie ernsthaft hinterfragt wurden. „Dieser Mangel ist auch deshalb bedeutsam, weil infolgedessen nicht beachtet wird, dass der institutionelle Faktor, die symbolische Wirkung der Organisationsstrukturen und Organisationskultur nach außen wie nach innen, eine *enorme Wirkkraft* erzeugt und dieser gleichfalls auch auf Formen, Angebote und Maßnahmen pädagogischer Praxis zurückwirkt."215 (Herv. von mir)

Um diesen Umstand zu beenden und auch die Organisation selbst ins Blickfeld zu rücken, bietet sich eine „Ist-Analyse" als Ausgangspunkt an. In dieser „Ist-Analyse" werden z.B. geschlechtsspezifische Statistiken angewendet, in der Fragen nach der Geschlechteraufteilung in den verschiedenen Hierarchieebenen, und wie deren jeweilige Aufstiegschancen zu werten sind, beantwortet werden. Aber auch Fragen nach der Zusammensetzung des Teams und der Kommunikationsstruktur innerhalb der Organisation, oder welches Ressort wie viele Ressourcen zur Verfügung hat, wer Teilzeit arbeitet und ob es Förderprogramme für MitarbeiterInnen, die in Karenz sind, gibt, werden thematisiert. „Eine solche ‚Ist-Analyse' ist eine Vorbedingung, mit der die Grundlage geschaffen wird, um darauf aufbauend gleichstellungspolitische Ziele für die eigene Organisation festzulegen und konkrete Handlungsschritte zu forcieren."(216)

Dieser theoretischen Analyse sollten konkrete Maßnahmen folgen. Auf der Basis der oben genannten „Ist-Analyse" bedeutet das, dass gemeinsam mit den Betroffenen gleichstellungsrelevante Ziele erarbeitet werden. Es sollte also der Schritt vom „Ist-Zustand" in den „Soll-Zustand" gemacht werden. Wobei auch geklärt werden muss, wer für die Umsetzungen verantwortlich ist, und welcher Zeitrahmen dafür als geeignet erscheint.

Um dieses Maßnahmenpaket wirklich in die Wege zu leiten und auch abschließen zu können, ist es m.E. unumgänglich, eineN externeN Gender BeauftragteN in den Prozess zu involvieren, allerdings nicht um ihm bzw. ihr die alleinige Verantwortung zu übertragen, sondern um eine kompetente Prozessbegleitung zu installieren. DieseR sollte von dem Moment an beteiligt werden, in dem sich die Top-Ebene der Organisation für Gender Mainstreaming entscheidet. Und zwar aus mindestens zwei Gründen: erstens kann man nur von ihr/ihm die notwendige Gender Kompetenz von Anfang an voraussetzen, und zweitens ist sie/er nicht an die Machtstrukturen der Organisation gebunden und kann von daher anders agieren. Da die Anwendung von Gender Mainstreaming ein konkretes Fachwissen und ein Problembewusstsein gegenüber der Kategorie Geschlecht erfordert, ist es m.E. nicht sinnvoll, dass Jugendverbände quasi im Alleingang einen Selbstcheck durchführen.

Um die Umsetzung zu gewährleisten ist also eine Bereitstellung von Ressourcen erforderlich – und zwar sowohl finanziell also auch personell und organisatorisch. Darüber hinaus sollte auch eine Evaluierung der einzelnen Maßnahmen eine Selbstverständlichkeit werden. „Dabei ist eine begleitende sicherlich wirksamer als eine reine Ergebnis-Evaluation, da so der laufende Prozess noch umgestaltet werden kann." (217)

6.3.2. Die Ebene der MitarbeiterInnen

Da Gender Mainstreaming nicht etwas ist, was außerhalb des Menschen vor sich geht bzw. was man sich einfach durch Auswendiglernen aneignen kann, sondern eine Strategie darstellt, die zutiefst das eigene Selbstverständnis berührt und eine hohe Reflexionsbereitschaft einfordert, wird „die Implementierung von Gender Mainstreaming *zu einem erheblichen Teil* davon abhängen, wie es gelingen wird, die Mitarbeiter und Mitarbeiterinnen einer Organisation für die Umsetzung und aktive Gestaltung dieser Strategie zu gewinnen."(218) (Herv. von mir)

Das gilt für alle Bereiche, in denen Gender Mainstreaming angewendet wird, im Bereich der Jugendarbeit ist es aber besonderes bedeutsam, weil JugendarbeiterInnen nicht nur verschiedene Projekte etc. leiten, sondern Geschlechtlichkeit im Bereich ihrer Arbeit auch leben. Sie sind also immer auch als Frauen bzw. Männer wahrnehmbar. Da die Leistungen in der Jugendarbeit vordringlich in der Form von Kommunikation und Interaktion zwischen den/der MitarbeiterIn und den Jugendlichen stattfindet und die Kategorie Gender in dieser Interaktion und Kommunikation eine zentrale Rolle spielt, sollten stets auch die eigenen Einstellungen und Verhaltensweisen zur Diskussion stehen. Dementsprechend stellt Gender Mainstreaming die bisherige Arbeit umfassend in Frage, und es betrifft immer auch die eigene Lebenseinstellung. Denn wie Christoph Grote und Beate Martens feststellen, „Mann-Sein und Frau-Sein sind Erfahrungshintergründe, die bewusst in die Arbeit mit Mädchen und Jungen einfließen sollten. Der Diskurs um die Geschlechtlichkeit ist mitzuverfolgen und unsere *eigene Geschlechtlichkeit als reflektierte Qualität* durch unsere Haltung immer wieder einzubringen."(219) (Herv. von mir) Es wird also nicht nur mit einer Veränderung in der Arbeit einhergehen, sondern im Sinne von „doing gender" auch die persönliche Lebenswelt verändern, folglich ist mit Widerständen zu rechnen.

Nicht nur die verschiedenen Arbeitsbereiche, sondern vor allem die persönlichen Handlungsmuster werden hinterfragt, das „setzt eine weitgehende Reflexionsbereitschaft, vor allem aber eine Offenheit und Neugierde gegenüber neuen Denkbewegungen voraus."(220) Ebenso protokolliert Dorit Meyer: „weil die Leistungen in der Kinder- und Jugendhilfe im bedeutenden Maße in Form von Beziehungsarbeit erbracht werden, spielt die Reflexion der Prozesse der Kommunikation und Interaktion unter der Fragestellung wie, auf welche Art und Weise die Geschlechterperspektive in der konkreten Praxis berücksichtigt wird eine *zentrale Rolle* bei der Implementierung von Gender Mainstreaming."(221) (Herv. von mir)

Um also ein unreflektiertes „doing gender", welches bestehende Geschlechterbilder weiterhin verfestigt, zu vermeiden, und um Gender Mainstreaming erfolgreich umsetzen zu können, ist eine intensive Auseinandersetzung mit der eigenen Persönlichkeit, eine kritische Selbstreflexion unumgänglich. Von daher könnte man im Bereich der Jugendarbeit ein Gender Training, welches vor allem die eigenen Geschlechterbilder bewusst machen sollte, auch als Qualifizierungsmaßnahme beschreiben, die auf jeden Fall erforderlich ist, wenn Gender Mainstreaming nachhaltig wirksam sein soll. Denn erst eine Sensibilisierung für die eigene und die gegensätzliche Geschlechterrolle sowie das Aufzeigen der unzähligen Möglichkeiten, die dazwischen liegen, kann eine Akzeptanz zur Veränderung mit sich bringen, die infolgedessen zum besseren Verständnis der unterschiedlichen Lebenswirklichkeiten führt.

Eine weitere positive Auswirkung ist darin zu sehen, dass mit Hilfe der erworbenen Gender Kompetenz die „top-down Strategie" durch die MitarbeiterInnen „bottom-up" umgesetzt, unterstützt und gefördert werden kann. Damit die Sensibilisierungsmaßnahmen nicht für alle zukünftigen MitarbeiterInnen immer wieder wiederholt werden müssen, wird es bedeutsam sein, dass die systematische Reflexion und Analyse der Auswirkungen der Geschlechterrollen schon in die Ausbildungsphase integriert wird, also als ein wesentliches Prinzip schon in den einzelnen Ausbildungen ein unumgängliches Ziel darstellt. „Gerade im Rahmen der Studien- und Ausbildungsgänge erscheint es notwendig, die Gender-Thematik als Querschnittsaufgabe zu etablieren, die in allen Seminaren und Vorlesungen zu integrieren wäre und diese nicht als Thematik ‚für besonders Interessierte' anzubieten, d.h. die Vermittlung grundlegender Informationen über die Geschichte und Gegenwart der Geschlechterordnung sowie diesbezügliche Theorien und Kontroversen ist zunächst als grundsätzliche Herausforderung in allen Ausbildungs- und Studiengängen für die einschlägigen Berufe umzusetzen."(222) Ich würde diesen Begriff allerdings auf der Ebene der „einschlägigen Berufe" ausweiten, und ihn gemäß dem Querschnittsgedanken verpflichtend in jeder Ausbildung verankern. Denn nur wenn „alle" wissen, worum es geht, ist eine längerfristige Veränderung möglich. Die Gender-Thematik geht uns alle an, und wenn wir Veränderung durch/mit Gender Mainstreaming anstreben, sollte es auf keinen Fall zu einem Spezialthema in einigen Ausbildungszweigen verkümmern.

Dieser Sensibilisierungsphase oder auch „Veränderung auf der Bewusstseinsebene"(223) innerhalb eines Gendertrainings muss eine Fortbildungsmaßnahme folgen, in der Strategien zur Durchführung von Gender Mainstreaming vorgestellt werden. (siehe Kapitel 3.2.8) Denn nur, wenn man die erlernte Gender Kompetenz nicht nur selbstreflexiv anzuwenden gelernt hat, sondern auch darin geschult wurde, wie dieses Wissen in der Arbeit umgesetzt werden kann, wird eine längerfristige Veränderung möglich sein.

Allerdings muss klar sein, dass dies ein langfristiger Prozess ist, der nicht beim ersten Gender Training abgeschlossen sein wird. Dazu die Meinung von Dorit Meyer und Gabriele von Ginsheim: „die Implementierung von Gender Mainstreaming auf der Ebene der MitarbeiterInnen ist aber nicht ad hoc zu erreichen, sondern *ein langfristiger und stets unabgeschossener Prozeß*, [sic] in dessen Folge die Geschlechterperspektive systematisch und nachhaltig in die professionelle Tätigkeit integriert werden kann."(224) (Herv. von mir) Bis MitarbeiterInnen über die notwendige Gender Kompetenz verfügen und eventuell eine Selbstevaluation durchführen können, ist es sicher sinnvoll (wie schon im vorigen Kapitel erwähnt), Gender Beauftragte zu ermächtigen, den Prozess zu begleiten.

6.3.3. Die Ebene der Projekte und Maßnahmen

In diesem Kapitel wird jene Ebene genauer angesehen, in der sich bis jetzt hauptsächlich jungen- und mädchenspezifische Arbeit abspielte, nämlich die konkreten Projekte und Maßnahmen, die direkt mit den AdresanntInnen der Jugendarbeit in Verbindung gebracht werden können. Diese Ebene ist natürlich auch weiterhin bedeutsam und darf auf keinen Fall vernachlässigt werden. Im Hinblick auf die vorher diskutierten Ebenen zeigt sich aber, dass sich die Auswirkungen verbessern, wenn alle drei Ebenen in den Blick genommen und miteinander verknüpft werden, anstatt nur diejenige zu favorisieren, die in diesem Kapitel die Hauptrolle spielt.

Grundsätzlich gilt, dass Fragen nach der konkreten Umsetzung genauso relevant sind wie die Ermittlung jener Grundlagen, von denen diese Maßnahmen abgeleitet werden und den Zielen, die dadurch angestrebt werden. Eine Umsetzung wie Lotte Rose sie vorschlägt, nämlich: „Geschlechtsbewusste Qualifizierungen müssen wieder konsequent von den Subjekten aus entwickelt, sozusagen auf die ‚Füße gestellt' werden,"(225) halte ich nicht für zielführend, da diese Vorgehensweise die Strukturen, in die wir alle eingebunden sind, vernachlässigt bzw. unterschätzt und außerdem dabei suggeriert wird, dass man ganz genau wissen könnte was Mädchen bzw. Jungen wollen, dass es also möglich wäre, ein objektives Wissen darüber zu erlangen, welche Wünsche und Anforderungen die Mädchen und Jungen an die Offenen Jugendarbeit haben. Dass es so ein objektives Wissen grundsätzlich nicht gibt, ist die eine Seite, dass man natürlich trotzdem versuchen sollte die Mädchen und Jungen dort abzuholen, wo sie sich gerade befinden und es auch zu einer Selbstverständlichkeit werden sollte, sie in ihrer Individualität und ihrem Selbstverständnis zu stärken, ist die andere Seite. Dabei aber die derzeit reale gesellschaftliche Situation zu ignorieren und außerdem zu glauben, dass es möglich ist, jedes/n Mädchen/Jungen wirklich genau da abzuholen, wo er/sie sich gerade befindet, entspringt m.E. einem theoretischen Wissenschaftsdenken. Denn in der Realität wird das, was der einen Mädchen- bzw. Jungengruppe sehr gelegen kommt, die andere gar nicht interessieren und vica verca. Außerdem muss erst einmal nachgewiesen werden, dass „es heute kein institutionalisiertes und normativ verbindliches Lebenslaufmodell für Frauen gibt"(226), also die gesellschaftlichen Strukturen völlig ignoriert werden können, wie Oechsle meint. Es ist nach wie vor so, dass die gesellschaftlich definierten Kompetenzbereiche selbst bei individueller Überschreitung trotzdem wirksam sind.

Wenn Lotte Rose befürchtet, dass „geschlechtsspezifische Arbeitsansätze der Mädchen- und Jungenarbeit [...] immer schon immanent die Botschaft der Geschlechterungerechtigkeit und geschlechtsspezifischen Benachteiligung mit [transportieren],"(227) so kann dieser Behauptung einerseits nicht widersprochen werden, andererseits ist jedoch anzumerken, dass diese „immanente Botschaft" die derzeitigen gesellschaftlichen Bedingungen widerspiegelt. Die Frage, die sich dadurch m.E. stellt, ist nicht, ob diese Behauptung wahr oder falsch ist, sondern ob diese Botschaft positiv, negativ oder gar nicht gewertet wird, also wie mit dieser Behauptung in der Realität umgegangen wird. Dass dessen ungeachtet trotzdem auf die vielfältigen Lebensentwürfe der Jugendlichen Rücksicht genommen werden muss, „ohne dabei zu vernachlässigen, dass in vielen gesellschaftlichen Bereichen eine nach wie vor (strukturelle) Benachteiligung von Mädchen und Frauen gegeben ist,"228 macht die Schwierigkeit in dieser Aufgabenstellung aus. Und auch Lotte Rose konstatiert, dass es nötig sein wird, „eine sozialraumbezogene ‚Gender-Kundigkeit' zu entwickeln, die sich auf *die konkreten, strukturellen wie individuellen Lebenslagen* von Mädchen und Jungen in bestimmten Sozialräumen beziehen."(229) (Herv. von mir) Unter einer „sozialraumbezogenen ‚Gender-Kundigkeit'" ist ein Wissen über das Zusammenleben der Geschlechter zu verstehen, welches sich nicht über theoretische Mittelwerte von Statistiken herleitet, sondern den konkreten Sozialraum als Ausgangspunkt nimmt.(230)

„Eine pädagogische Arbeit, die sich dem Grundsatz der Zielgruppen-orientierung in ihrem eigentlichen Sinne verpflichtet sieht, muss demnach unweigerlich auch dem Grundsatz einer geschlechtsbewussten Ausrichtung der Arbeit folgen, denn eine Analyse der Zielgruppe führt in den meisten Fällen zu einer ‚Differenzierung' nach Mädchen und Jungen."(231) Es wird also nötig sein, Mädchen- und Jungenarbeit zu konzipieren, die an den jeweiligen Fähigkeiten der Mädchen bzw. Jungen anknüpft und sie in ihrem Selbstverständnis stärkt, aber dessen ungeachtet die reale Gesellschaft, als Ausgangspunkt nicht vernachlässigt. Da es m.E. zu einfach wäre nur die Unterscheidung zwischen den Geschlechtern als Basis zu sehen, weil sich die Unterschiede in der Gesellschaft sicherlich facettenreicher darstellen als nur in der Unterscheidung weiblich und männlich.

Um diesen Ansprüchen gerecht zu werden, braucht es neben einer Begleitung in Form von Arbeitshilfen und Leitlinien auch die konsequente Beachtung der ersten beiden Ebenen. Denn nur Anforderungen zur gendersensiblen Gestaltung, Durchführung und Evaluation der pädagogischen Angebote zu fordern, welche zwar mit entsprechenden Qualitätsleitfäden oder Leitfragen festgelegt werden sollten, um sie im Kontext von Gender-Controlling auch überprüfen zu können,(232) aber keine näheren Angaben zur Verknüpfung, oder zumindest zur Berücksichtigung der beiden anderen Ebenen zu machen, halte ich für eine verkürzte Sichtweise, die uns über den Umweg von Gender Mainstreaming, wieder auf die üblichen Pfade der mädchen- bzw. jungenspezifischen Angebote zurückwirft.

6.4. Arbeitshilfen für die verschiedenen Ebenen

Bei den folgenden Ausführungen bezüglich der Arbeitshilfen für die einzelnen Ebenen stütze ich mich ausschließlich auf die Vorschläge von Dorit Meyer und Gabriele von Ginsheim, die -mit der Übernahme und Erweiterung der Einteilung von Gabi Flösser- unter anderem versucht haben, dem Prozess Gender Mainstreaming, der sich immer als ein offenes Diskursfeld präsentiert, einen gewissen Rahmen und vor allem ganz konkrete Ziele vorzugeben. Denn wie beide notieren, verlangt „die Implementierung von Gender Mainstreaming [...] nicht nur die Umsetzung von Verfahren, die auf den benannten unterschiedlichen Ebenen relevant werden. Ihre Verankerung erfordert in einem weiteren Schritt eine genauere inhaltliche Bestimmung und Präzisierung. [Denn] Gender Mainstreaming ist keine Strategie, die als allgemeines Rasterverfahren den Trägern und Institutionen [...] auferlegt werden könnte, sondern benötigt eine ‚paßgenaue' [sic] Spezifizierung mit Blick auf die unterschiedlichen Ausrichtungen und Aufgabenstellungen der einzelnen Handlungsfelder."(233)

Diese „passgenaue Spezifizierung" ist m.E. auch deswegen ein wichtiger Schritt, da es „als bislang freiwillige Maßnahme von einzelnen Organisationen [...] noch wenig fundierte Auswertungen der positiven Ergebnisse und der Erfolge [gibt], sodass die Gefahr besteht, angesichts der aufwendigen [sic] Verfahren auf halbem Wege stecken zu bleiben,"(234) wie Heide Trommler in ihrem Bericht eines Workshops mit dem Titel „Gender Mainstreaming als Top Down Strategie in Bundesverbänden" vermerkt. Um diesen weiteren Schritt zu gewährleisten und auch dem Prozess Gender Mainstreaming gerecht zu werden, wird es notwendig sein, „die jeweiligen Instrumente offen zu gestalten und weniger zu standardisieren. Sie sollten vor allem darauf hinzielen, die Sensibilität für Geschlechterfragen zu erhöhen und Denkanstöße zu bieten, die dazu anregen, die Geschlechterperspektive zu verankern und wirksam werden zu lassen."(235) Das ist unter anderem deswegen von Bedeutung, da Gender Mainstreaming auch als ein Diskursfeld angesehen werden kann/muss, in dem Auseinandersetzung, Aushandlungen und – im günstigsten Fall – Übereinkommen darüber stattfinden, was als genderrelevant angesehen wird und was nicht.

Um diese „Denkanstöße" überhaupt möglich zu machen haben Dorit Meyer und Gabriele von Ginsheim sechs Bereiche identifiziert, – siehe nächste Seite Abb.1 – die sie als erkenntnisleitend und wichtig deklarieren. Diese Bereiche haben sie mit jeweils sechs Fragen unterlegt, welche auf jeder Ebene beantwortet werden sollten.

Konkret lauten diese Fragen:
1. „Wie lässt sich in bezug [sic] auf die drei Ebenen die Zielsetzung >Gleichstellung zwischen den Geschlechtern< bestimmen und verorten?
2. Welche personellen Faktoren müssen hinsichtlich der Implementierung von Gender Mainstreaming jeweils berücksichtigt werden?
3. Wie kann die Umsetzung von Gender Mainstreaming auf den drei verschiedenen Ebenen konkretisiert werden?
4. Wie wird Gender Mainstreaming in bezug [sic] auf die Kommunikationsstrukturen auf den drei Ebenen relevant?
5. Durch welche qualitätsentwickelnden und -sichernden Faktoren wird die Implementierung von Gender Mainstreaming auf den verschiedenen Ebenen abgesichert?
6. Wie ist Gender Mainstreaming in die jeweiligen Evaluationsprozesse integriert?"(236)

Diese Fragen, die, wie oben schon erwähnt, auf jeder Ebene bedeutsam sind, werden mit Zielen verknüpft, welche erreicht werden sollten und die die beiden Autorinnen als „idealtypische Wirkungsziele"(237) definierten. Damit die Realisierung dieser Ziele auch gewährleistet ist, haben sie für jede Ebene Schlüsselfragen entwickelt.

Um diese in der Theorie etwas kompliziert wirkenden Vorschläge besser erfassen zu können, werde ich das Raster bzw. die Abbildung, welche die „idealtypischen Wirkungsziele" in jeder Ebene sichtbar machen, eins zu eins übernehmen. (siehe Abb.1 nächste Seite)

Diese sind dann nur noch jeweils mit den sechs der oben erwähnten Fragen oder besser gesagt mit den „gleichstellungsrelevanten Fragestellungen"(238) zu verknüpfen. Damit der Weg zwischen diesen beiden Polen auch sicher gemacht werden kann, haben Dorit Meyer und Gabriele von Ginsheim Schlüsselfragen für jede Ebene entwickelt, die als Hilfestellung dafür dienen können.

Ich habe mich für die Einteilung von Dorit Meyer und Gabriele von Ginsheim entschieden, weil sie trotz der Offenheit, die bei diesem Konzept immer wieder

Die „idealtypischen Wirkungsziele"

Ebene der Organisationsentwicklung	Ebene der Personalentwicklung	Ebene der Projekte und Maßnahmen
1. Die Gleichstellung ist im Profil der Organisation verankert	1. Ein ausgewogenes Geschlechterverhältnis in der Organisation wird angestrebt.	1. Die Konzeption lässt eine geschlechtsbezogene Sichtweise erkennen.
2. Die Personalpolitik wird am Gender-Mainstreaming-Prinzip ausgerichtet	2. Geschlechterkompetenzen gelten als Kriterium bei der Personalauswahl	2. Zielgruppen werden unter einem geschlechtsbezogenen Blickwinkel wahrgenommen und angesprochen.
3. Die Akquisition und Umsetzung von Programmen, Projekten und Maßnahmen wird auf der Grundlage von Gender Mainstreaming verfolgt.	3. Gendersensiblilität bezüglich der jeweiligen Arbeitsgebiete wird von den MitarbeiterInnen erwartet	3. Eine differenzierte, zielgruppengenaue Angebotsstruktur wird mit Blick auf beide Geschlechter umgesetzt.
4. Die Organisationskultur richtet sich am Gender-Mainstreaming-Prinzip aus.	4. Eine genderreflexive Kommunkationskultur wird angestrebt.	4. Die Interaktiononen werden hinsichtlich ihrer geschlechtsbezogenen Aufladungen wahrgenommen.
5. Unterstützungsstrukturen zur Implementierung von Gender Mainstreaming sind vorhanden.	5. Genderbezogene Fortbildungen werden wahrgenommen.	5. Ansätze einer geschlechterbewussten Teamreflexion werden verfolgt.

Abb. 1

eingefordert wird, mit den angegebenen „idealtypischen Wirkungszielen" m.E. eher dazu in der Lage ist, die Gleichstellung voranzutreiben, da die Zielformulierungen vorgegeben sind und nicht der Organisation überlassen bleiben.

Im Gegensatz zur „GeM-ToolBox" von Nadja Bergmann und Irene Pimminger, die zwar ideal dafür geeignet ist, ein gewisses Fragenraster als Hilfestellung im Hintergrund zu haben, aber keine Angaben dazu macht, welche Ziele nun denn genau damit angestrebt werden sollen.

Die „GeM-ToolBox" ist infolgedessen nur für Gender Mainstreaming bzw. Gleichstellungsbeauftragte eine Hilfe, als Selbsthilfe für ungeschulte Personen halte ich sie für unzureichend.

Was bedeuten diese angegebenen Wirkungsziele, welche in der Abb. 1 veranschaulicht sind, nun im Einzelnen definitiv? Um dem auf dem Grund zu gehen, werde ich im Folgenden die einzelnen Ebenen nicht mehr in sechs verschiedene Bereiche – je Wirkungsziel einer – ausdifferenzieren, sondern versuchen, die möglichen Verstrickungen, die sich bei den unzähligen Auslegungsmöglichkeiten der angegebenen Schlüsselfragen ergeben können, näher zu beleuchten. Bei den „Wirkungszielen" und „Schlüsselfragen" beziehe ich mich wiederum ausschließlich auf das Buch von Dorit Meyer und Gabriele von Ginsheim „Gender Mainstreaming ein Angebot", welches bei der „Stiftung SPI" unter der e-mail Adresse bmpmaedchen@stiftung-spi.de gratis bestellt werden kann.

6.5. Knackpunkte bei der Umsetzung

Nimmt man nun das Endziel her, welches Gender Mainstreaming vorgibt verwirklichen zu wollen, nämlich Geschlechtergleichstellung in allen Bereichen voranzutreiben bzw. durchzusetzen, dann müsste es konsequenter Weise auch um die gleichzeitige Sichtbarmachung und die Benennung von Privilegien und deren Abschaffung gehen. Diese Benennung und Abschaffung sollte nicht mehr nur von Außenstehenden problematisiert und aufgezeigt werden, sondern von den Top-Leuten selbst, also jenen, die vordringlich NutznießerInnen sind.

Nun ist zu bedenken, dass niemand gerne zugibt, dass er/sie privilegiert ist, und vor allem „wie lässt sich [...] die Abschaffung von Privilegien als harmonischer Prozess konzipieren,"(239) bei dem jedeR gewinnt und niemand etwas verliert? Und wie soll realisiert werden, dass Privilegierte ein zu ihren Gunsten gestaltetes System in Frage stellen bzw. umstrukturieren? Ein schwieriges bis unmögliches Unterfangen, das, wenn überhaupt, nur in abgeschwächter Form umsetzbar ist. Demzufolge gibt auch Mieke Verloo in ihren Überlegungen zu bedenken, dass es „im Verlauf jenes Prozesses, im Zuge dessen Organisationen oder Personen dazu gebracht werden sollen, einen Gender-Mainstreaming-Prozess zu initiieren, be-

reits die Tendenz in Richtung ‚*akzeptablerer' feministischer Zielsetzungen* geben [wird]."(240) (Herv. von mir)
Um die Knackpunkte zu beleuchten, welche bei der Umsetzung in den „Organisationen" -also strukturell- zu erwarten sind, verweise ich auf das Kapitel 5.4.3., da ich der Meinung bin, dass die Hindernisse in Non-Profit Organisationen wie der Offenen Jugendarbeit die gleichen sein werden wie im Profit-Sektor. Der Grund dafür liegt ganz einfach darin, dass es hier wie dort unter anderem (oder vorrangig?) um die Absicherung des/der eigenen Jobs/Privilegien geht. (siehe auch Kapitel 5.1.1.) Diese Aussage ist auch dann gültig, wenn zu lesen ist, „die bestehenden Strukturen werden ‚geschlechter-differenziert erweitert und qualifiziert', indem Personal bzw. Know-how hinzugefügt wird,"(241) da nirgends erläutert wird, wie dieses „mehr an Personal" finanziert werden soll.

Ein wenig anders sieht die Sache bei den MitarbeiterInnen aus, da diese – bezogen auf die Offene Jugendarbeit – nicht mit einer Ware handeln oder ein Produkt verkaufen, sondern mit den Jugendlichen, aber auch den ArbeitskollegInnen, kommunizieren und interagieren, was Auswirkungen auf das Klima innerhalb wie auch außerhalb hat. Dieser Meinung ist auch Gaby Flösser, wenn sie beschreibt, dass „die für den industriellen und gewerblichen Produktionssektor entwickelten Qualitätskonzepte [...] sich durch eine nicht beteiligungsorientierte Verhältnisbestimmung insbesondere zu den Leistungs-abnehmerInnen [auszeichnen], [....] was *für pädagogische Prozesse* als *nicht hinreichend* eingestuft [werden kann]."(242) (Herv. von mir) Die MitarbeiterInnen sind sozusagen das „personifizierte Scharnier,"(243) welches als Schaltstelle zwischen der Organisation und den Projekten angesehen werden kann.

Um nun mit den MitarbeiterInnen „Schlüsselfragen", die sich mit der Gender-Thematik der Personalentwicklung befassen, so vorurteilsfrei wie möglich beantworten zu können, wird eine Sensibilisierung bezüglich Geschlechterfragen nötig sein. Eine solche Sensibilisierung ist natürlich auch bei den beiden anderen Ebenen der „Organisationsentwicklung" und der „Projekte und Maßnahmen" unerlässlich. Solche „Schlüsselfragen" sind z.B.: „Welche Rolle spielt die Frage der Geschlechtszugehörigkeit bei der Einstellung neuer MitarbeiterInnen? Wie laufen die Entscheidungsprozesse der Personal-auswahl innerhalb der Organisation ab? Werden die Gender-Kompetenzen der MitarbeiterInnen als wichtige Ressource innerhalb der Organisation wahrgenommen? Wie wird die Umsetzung gleichstellungsrelevanter Ziele in den einzelnen Arbeitsfeldern der Organisation überprüft?"(244) Bei der Beantwortung dieser und auch anderer Fragen bezüglich Geschlechtergleichstellung sollte freilich auf keinen Fall unterschätzt werden, dass „der entscheidende Punkt [...] letztlich in der *Interpretation der Ergebnisse* [liegt] und diese hängt weitgehend vom jeweiligen Erklärungsansatz ab."(245) (Herv. im Original)

Um solche Fragen qualifiziert beantworten zu können, wird eine Qualifizierung bezüglich Geschlechterfragen stattfinden müssen. Dabei ist zu beachten, dass dessen ungeachtet auch weiterhin die innere – oft unbewusste – Einstellung und die verschiedenen Genderkonzepte zur Begründung einer Antwort zumindest wirksam sein werden. Zusätzlich sollte nicht ignoriert werden, dass „eine Voraussetzung für die Anwendung der Gender-Mainstreaming-Strategie zur Erreichung von mehr Gleichstellung von Frauen und Männern [...] auch eine *klare Positionierung* der jeweiligen Organisation *zur Geschlechterpolitik* [nötig sein wird]. Erst diese normative Orientierung kann die Richtung der Entscheidungsprozesse deutlich steuern."(246) (Herv. von mir)

Außerdem sollte reflektiert werden, dass ein Gendertraining zwar helfen kann gewisse Einsichten brüchig werden zu lassen, sie möglicherweise sogar verändert oder sie zumindest hinterfragt, es kann auch zu einer besseren Kommunikation zwischen den MitarbeiterInnen beisteuern oder wenigstens zu mehr Anerkennung für die Arbeit des/der jeweils anderen beitragen, – schon aus diesen Gründen ist einem Gendertraining in jedem Fall zuzustimmen, – aber es wird die grundsätzliche Zusammensetzung der MitarbeiterInnen nicht verändern. Nun verhält es sich aber so, dass auch diese Zusammensetzung Auswirkungen auf die AdressantInnen hat. Dazu Dorit Meyer und Gabriele von Ginsheim: „Daß [sic] die jeweilige Repräsentation der Geschlechter [...] keinen unerheblichen Einfluß [sic] hat, [...] ist auch im Blick auf die Realisation von Gender Mainstreaming zu berücksichtigen."(247) Wie mit diesem Problem ganz konkret umgegangen werden soll, darüber gibt es indessen weder Anregungen noch Vorschläge.

Als letztes möchte ich nun noch kurz auf jene Ebene näher eingehen, die schon eine Vergangenheit vorzuweisen hat, da sie bisher ausschließlich im Zentrum des Interesses stand, nämlich die Ebene der „Projekte und Maßnahmen". Dabei ist anzumerken, dass in der neueren Literatur bezüglich dieses Themas immer wieder betont wird, die Bedeutung von „sozialraumbezogener Gender-Kundigkeit"(248) in die Überlegungen mit einzubeziehen, da nicht mehr vorrangig das Geschlecht der Mittelpunkt des Interesses sein soll, sondern auch – oder vor allem – auf die konkreten und individuellen Bedürfnisse von Jugendlichen jenseits des Geschlechts eingegangen werden muss. Im Zentrum dieser Ebene steht also die Anforderung „Mädchen wie Jungen [zu] helfen, eine eigene Persönlichkeit ohne Begrenzung durch stereotype Erwartungen zu entwickeln."(249) Oder anders ausgedrückt, „die Umsetzung von Gender Mainstreaming auf der konzeptionellen Ebene würde also bedeuten, sich von vorab beschlossenen ideologischen Zuschreibungen zu befreien und Projekte und Maßnahmen von den Subjekten her zu entwickeln."(250) Dieser Forderung – nach einem erweiterten Blickwinkel – ist grundsätzlich zuzustimmen, wenn dabei nicht vergessen wird, dass „ideologische Zuschreibungen" in der Gesellschaft derzeit sehr wohl noch praktiziert werden, und demzufolge auch gewisse Zuschreibungen nach wie vor stattfinden.

Das bedeutet, dass es nach wie vor ratsam ist, diese Realität zumindest unter den MitarbeiterInnen ernsthaft zu diskutieren, um Formen zu finden, wie diese gesellschaftlichen Fakten mit der geschlechterspezifischen Arbeit verknüpft werden können. Dabei möchte ich auf die Aussagen von Veronika Merz verweisen, die in der Gendertrainings Mappe „Salto, Rolle, Pflicht und Kür" bezüglich geschlechterbewusster Jugendarbeit vermerkt:
„*Schwerpunkte der Mädchenarbeit*
Mädchen brauchen vor allem Unterstützung, um die eigenen Fähigkeiten in alle Bereiche ihrer Lebensgestaltung einbringen zu können. [....]
- *Grenzen setzen können* ist eine soziale Kompetenz, die Mädchen brauchen, um Eigenverantwortung [...] übernehmen zu können.
- *Raum einnehmen und der Anspruch auf Gleichwertigkeit und gleichgewichtige Einflussnahme* sind Vorbedingungen für eine eigenständige Lebensplanung [...]

Schwerpunkte der Jungenarbeit
- Jungen haben Nachholbedarf in Sachen Sozialkompetenzen. [....]
Nähe zulassen [....]
- *Grenzen akzeptieren* lernen, mutet Jungen zu, ihren Dominanzanspruch aufzugeben. [....]"(251) (Herv. im Original)

Als Letztes möchte ich darauf verweisen, dass natürlich auch die in den anderen Ebenen problematisierten Hindernisse, wie z.B. die geschlechtlich/hierarchische Zusammensetzung der MitarbeiterInnen oder die eigenen unhinterfragten Geschlechterbilder Auswirkungen auf die Arbeit mit den Jugendlichen haben werden.

6.6. Wo ist Gender Mainstreaming in der Jugendarbeit implementiert?

Bei meinen Recherchen bezüglich der Fragestellung, wo Gender Mainstreaming in der Offenen Jugendarbeit schon implementiert ist bzw. wo zumindest damit begonnen wurde sich ernsthaft mit diesem Thema auseinander zu setzen, bin ich trotz einiger Anfragen in Deutschland, Österreich und der Schweiz nur in Zürich fündig geworden.

Diesen Mangel an Projekten und empirischen Erfahrungswerten hat auch Irina Bohn festgestellt. Sie schreibt: „für die Gestaltung der Elemente von Gender Mainstreaming-Prozessen im Rahmen der Jugendhilfe [...], liegen bislang keine Erfahrungswerte vor."(252)

In den nun nachstehenden Abschnitten beziehe ich mich ausschließlich auf den Schlussbericht zur „Verankerung des Ansatzes Gender Mainstreaming innerhalb der Organisation und Jugendarbeit von OJA! [Offene Jugendarbeit Zürich] sowie Umschreibung des Schulungsbedarfs des Personals", welcher mir dankenswerter Weise von Frau Monika Denis zur Verfügung gestellt wurde, und den e-mail bzw. telefonischen Kontakten mit ihr, und fasse sie kurz zusammen.

6.6.1. Wer war der/die ImpulsgeberIn?

Auftraggeber für die obengenannte Implementierung waren Vorstand und Geschäftsleitung der OJA Offene Jugendarbeit Zürich. Auftragnehmer ist das Institut WDF, Fachgruppe Soziokultur der Hochschule für Soziale Arbeit HSA Luzern. Die Konzipierung und Durchführung oblag Frau Prof. Monika Denis, Beauftragte für Gleichstellungs- und Genderfragen an der Hochschule für Soziale Arbeit HSA Luzern und Herr Dozent Daniel Kunz.

6.6.2. Welche Ziele wurden gesetzt?

Die Projektziele wurden zunächst ausschließlich auf „der Ebene der Projekte, Massnahmen [sic] und Zielgruppen"(253) gesehen. Andere Ebenen, die von Dorit Meyer und Gabriele von Ginsheim aufgezeigt wurden (siehe Kapitel 5.3.) wurden in der ersten Phase des Projekts während der Vorgespräche mündlich thematisiert, aber nicht in die Offerte integriert.(254) Deshalb verweist die Auftragnehmerin darauf, dass es notwendig wäre, „für die vollständige Umsetzung des Ansatzes, [...] in nächster Zukunft auch die hier weniger berücksichtigten Ebenen ‚Organisations-, und ‚Personalentwicklung' entsprechend zu bearbeiten."(255)
Die Projektteilziele wurden wie folgt dargestellt:
- „Bewusstseinsbildung zu Genderthemen in der Jugendarbeit
- Abklärung, welche Unterstützung die Mitarbeiter/innen zum Erlangen von Genderkompetenzen als hilfreich und sinnvoll erachten
- Zusammenfassung der Ergebnisse und Formulierung von Empfehlungen für die Weiterarbeit"(256)

6.6.3. Kurze Beschreibung der Umsetzung

Durch eine Darstellung zur Entstehungsgeschichte von Gender Mainstreaming sowie durch die Beschreibung der Situationsanalyse jener Ebene, auf die sich das *Projektziel* komprimiert, wurde die Bedeutung des Konzepts *Gender* Mainstreaming als Top down-Strategie, sowie der erweiterte Blick in Bezug auf nur geschlechtsspezifische Angebote aufgezeigt. Dadurch wurde die Wichtigkeit dieses Themas für die Jugendarbeit deutlich gemacht.(257)

Bei dieser zu Beginn abgehaltenen Informationsveranstaltung wurde versucht, mit Hilfe eines groben historischen Abrisses der letzten dreißig Jahre, den sozialen Wandel der Geschlechterrollen und seine Auswirkungen auf die Jugendarbeit aufzuzeigen, dabei veranschaulichten die Veranstalter unter anderem auch die Bedeutung dieses Wandels für das Individuum, durch Video- und Filmbeispiele zu Weiblichkeits- und Männlichkeitskonzepten. Überdies versuchten sie die Frage, wie heute das Thema Gender für die Geschlechts-identitätskonzepte Jugendlicher bedeutsam ist, aus entwicklungspsychologischer Sicht zu beantworten.(258)

In den–sogenannten–Kickoff-Workshops(Situationsanalyse-Workshops)(259) wurden die Schlüsselfragen bezüglich der „idealtypischen Wirkungsziele" (siehe Abb.1 S.120) gemeinsam mit den MitarbeiterInnen der Offenen Jugendarbeit Zürich bearbeitet, und zudem wurden die TeilnehmerInnen ermuntert, eigene Erkenntnisse bezüglich der Geschlechterfrage und ihrer Verankerung in Projekten zu gewinnen.

Dabei wurde die „Ebene der MitarbeiterInnen" notwendigerweise, zumindest bezüglich Information und Auseinandersetzung zu diesem Thema, mit ins Blickfeld gerückt, und demzufolge tangierten die erörterten Themen immer auch die ersten beiden Ebenen. „Da die drei Ebenen des Gender Mainstreaming innerhalb einer Organisation in Wechselwirkung miteinander stehen, wirken sich Umsetzungen von Massnahmen [sic] auf einer Ebene grundsätzlich auch auf die anderen beiden aus."(260)

Der Schlussbericht wertete die Ergebnisse der Workshops quantitativ und qualitativ wie folgt aus: die Antworten der TeilnehmerInnen bezüglich der sechs „idealtypischen Wirkungsziele" wurden geordnet und nach Punkten gewichtet. Danach folgte eine Interpretation, bei der versucht wurde „Schwerpunkte und Themenkreise zu bilden, die einerseits den Focus des Interesses und andererseits den Focus der Problemstellungen für die Weiterarbeit einkreisen,"(261) auf diese Interpretation aufbauend ermittelten die Verantwortlichen den Handlungsbedarf, welcher die Grundlage für die Maßnahmen und Empfehlungen bildete, die im dritten Kapitel des Schlussberichts auch genauer erläutert wurden.

Ergebnisse waren unter anderem, dass sowohl das Bewusstsein bezüglich Genderthemen, als auch die Bereitschaft gemeinsam darüber im Team zu reflektieren, vorhanden war. Um diese Reflexion auf einer fundierteren Basis betreiben zu können, wurde der Wunsch nach Vertiefung der „Kompetenzen durch Fort- und Weiterbildungen als Team in Bezug auf eine gemeinsame Arbeitshaltung und auch [...] zu Theorie und Praxis geschlechtsbewusster Jugendarbeit, u.a. Anregungen für methodische Umsetzungen"(262) geäußert.

Die drei grundlegenden Empfehlungen sind:
1. „Die Zielgruppe der Mädchen wird signifikant und mit allen möglichen Massnahmen [sic] erhöht.
2. Die Teams der OJA! sollen alle gemischtgeschlechtlich sein.
3. Die OJA! – Jugendtreffs verfügen über ein geschriebenes Gender-Konzept."(263)

6.6.4. Die weiteren Schritte

Monika Denis erläuterte in ihrer e-mail vom 12.3.2003 kurz die zweite Phase des Projektes, welches von März bis November 2004 stattfinden wird.
Das erste Modul hat zum Ziel, den Mädchenanteil der Offenen Jugendarbeit Zürich zu erhöhen. Das Ziel des zweiten Moduls skizziert sie folgendermaßen: „Verknüpfung der Aspekte: Gender, Partizipation, sozialräumliche Ausrichtung."(264) Aus Gründen der Arbeitsbelastung im Frühjahr wurde dieses Thema in die Schulungsblockwoche im Oktober 2004 verschoben, wo es auch für die erweiterte Zielgruppe von 50-60 Jugendarbeiter/innen angeboten wird.(265)
Die weiteren drei Module, welche noch bis November 2004 abgehalten werden, haben als jeweiliges Ziel:
- „Nachhaltigkeit der Chancengleichheit garantieren [...]
- Information über die Erkenntnisse, Entwicklung des Handlungsbedarfs, Empowerment [...]
- Fachliche Schulungen zur Optimierung und Innovation geschlechtsbewusster Offener Jugendarbeit [...] Grundsätzlich bleibt auch hier *die Erhöhung des Mädchenanteils* das wichtigste Thema und Ziel."(266) (Herv. von mir)

Geplant ist außerdem ein weiteres Modul im November 2004 mit Vorstand und Trägerschaft der OJA Zürich. Dieses beinhaltet zwei halbe Beratungstage zu den Themen: Gleichstellungsmaßnahmen auf den Ebenen Personal- und Organisationsentwicklung.(267)

7. Fazit

> „Das Resultat menschlichen Handelns lässt sich niemals mit der gleichen Sicherheit voraussagen, mit der das Endprodukt eines Herstellungsprozesses bestimmt werden kann."(268)

Ich möchte dieses Kapitel gerne mit einen abgewandelten Zitat von Ulrich Beck beginnen, welches er in Hinblick auf die Globalisierung verwendet hat und das wie mir scheint sehr gut auf das Konzept von Gender Mainstreaming anwendbar ist. Das variierte Zitat lautet „[Gender Mainstreaming] ist sicher das am meisten gebrauchte – missbrauchte – und am seltensten definierte, wahrscheinlich missverständlichste, nebulöseste und politisch wirkungsvollste (Schlag- und Streit-) Wort der letzten, aber auch der kommenden Jahre."(269) Beck weiter „[Es] [das Schlagwort] zu bestimmen gleicht dem Versuch, einen Pudding an die Wand zu nageln."(270) Diese Aussage ist für mich aus dem Grund mehr als treffend, weil es mir trotz zweijähriger intensiver Beschäftigung mit dem Begriff und dem Inhalt von Gender Mainstreaming, trotz vielfältiger/m Literatursichtung, -erarbeitung, -vergleich, -kritik, trotz Teilnahme an einem Gendertraining und drei Tagungen, trotz Gesprächen mit GendertrainerInnen, nicht gelungen ist, die „Essenz" dieser propagierten Grundhaltung zu erfassen.

Eines der größten Probleme in dem „Allmachtsdenken", nämlich dass ohne Gender Mainstreaming Geschlechtergerechtigkeit nicht umsetzbar wäre, scheint mir darin zu liegen, dass es mit einer jungen, unbekannten und auch ziemlich unverbindlichen Praktik einhergeht. Niemand kann die endgültige Wirkung voraussagen, denn es gibt keinen „Beipacktext", welcher die genaue Vorgangsweise beschreibt, noch gibt es Hinweise auf Risiken und Nebenwirkungen, ja es gibt noch nicht einmal konkrete Zielvorgaben. Schon aus dieser Perspektive erscheint mir eine kritiklose Implementierung von Gender Mainstreaming mehr als bedenklich. Außerdem birgt die Strategie die Gefahr in sich, dass sehr viel Zeit vergeht, und noch mehr Geld investiert werden kann bzw. muss, bis die ersten konkreten Schritte gemacht und die ersten Ziele sichtbar werden. Demzufolge ist die Gefahr groß, solange über nötige Strukturveränderungen auf den verschiedenen Ebenen der Organisation zu diskutieren, MitarbeiterInnen in Gendertrainings zu schicken und theoretische Leitbilder für die Organisation zu entwerfen, bis für konkrete Veränderungen kein Geld mehr vorhanden ist.

Zudem sollte in meinen Ausführungen klar geworden sein, dass Gender Mainstreaming ein sehr anspruchsvolles Konzept ist, welches hohe Anforderungen an die Organisation und das Personal stellt und ein komplexes Wissen in der Geschlechterforschung voraussetzt, um überhaupt ernsthaft an eine Implementierung denken zu können. Von daher wird es nicht ausreichen, Gender Mainstreaming als Zielvorgabe in einen Jahresplan aufzunehmen oder in einem Leitbild zu verankern, wenn nicht gleichzeitig begleitende Fortbildungen für das gesamte Personal, sowie eine kontinuierliche innerbetriebliche Auseinandersetzung mit diesem Thema stattfinden.

Überdies halte ich die Vorgabe, dass öffentliche Organisationen Gender Mainstreaming im Leitbild verankern sollen und die Aufforderung sich ernsthaft mit diesem Thema damit zu beschäftigen, für eine Alibiaktion von verantwortlichen PolitikerInnen, wenn nicht gleichzeitig zusätzliche finanzielle Mittel zur Verfügung gestellt werden, welche diesen Mehraufwand der Organisation bezüglich Umstrukturierung und Weiterbildung gewährleisten. Wenn diese finanziellen Mittel nicht gesichert sind, wird die Verpflichtung, welche die EU mit der Entscheidung Gender Mainstreaming als Querschnittsaufgabe in alle politischen Ressorts zu verankern eingegangen ist, und die von allen Nationen umgesetzt werden sollte, an die nächstniedrigere Instanz abgegeben. Dabei stellt sich dann die Frage, wer denn die Verantwortung übernimmt, wenn einzelne Bereiche möglicherweise mit Verzögerung, oder schlimmstenfalls gar nicht umgesetzt werden.

Wir alle, Frauen und Männer, lassen uns mit diesem Konzept auf ein Abenteuer ein, bei dem der Ausgang noch nicht feststeht. Evident ist allerdings, dass die Gefahr auf Seiten von Frauen höher einzuschätzen ist, da die Diskriminierung von Frauen tief in den marktwirtschaftlichen Strukturen verankert ist, und diese Strukturen auch mit Gender Mainstreaming nicht ernstlich in Frage gestellt werden. (siehe Kapitel 5.3.3.)

Es steht z.B. nach wie vor auch mit Gender Mainstreaming nicht zur Debatte, die Produktionsarbeit so zu gestalten, dass es für Männer wie für Frauen kein Problem darstellt, sich gleichermaßen um die Reproduktionsarbeit zu kümmern, dass also über eine generelle Arbeitszeitverkürzung für alle nachgedacht und diskutiert wird. Stattdessen werden vor allem jene, welche die Reproduktionsarbeit leisten, und das sind in unserer Gesellschaft mehrheitlich Frauen, in Teilzeitjobs gedrängt, ohne wenigstens die sozialrechtliche Absicherung in allen Teilzeitsparten dahingehend zu verbessern, dass eine eigenständige Absicherung bezüglich aller Sozialleistungen gewährleistet ist.

Überdies sollten wir nicht vergessen, dass gemäß dieser Strategie die jeweils vereinbarten Zielformulierungen aus der Perspektive jener Leute betrachtet und ausgehandelt werden, für die „das Geschlecht" mehrheitlich weder strukturelle noch ökonomische erkennbare Nachteile ergibt. Denn solange das Credo „Top down" lautet, liegt es in unserer Gesellschaft die Entscheidungsmacht etwas zu tun oder eben nicht nahezu ausschließlich bei Männern, welche vermehrt in den Topetagen zu finden sind. Schon aus diesem Grund ist die Strategie Gender Mainstreaming als problematisch einzustufen, da dadurch weiterhin Hierarchien unhinterfragt akzeptiert werden. Dass sich diese „Top Leute" in Gendertrainings mit dem Thema Geschlechtergerechtigkeit auseinander setzen müssen, und sich daher Wissen bezüglich der Ungleichbehandlung der Geschlechter theoretisch erarbeiten, wird sicherlich nicht schaden. Ich halte es jedoch für verfrüht, die Diskussion und die Entscheidungen bezüglich Gleichstellung auch ausschließlich diesen Leuten zu überlassen, denn vom Wissen zum Handeln ist es bekanntlich ein weiter Weg, der nur dann erfolgreich sein wird, wenn zwischen diesen beiden Punkten die Anerkennung des ersteren und der Wille, das zweitere zu tun, liegt. Dieser Wille wird sich allerdings zuerst gegen eine tiefer liegende Interessenslage durchsetzen müssen. (Siehe Kapitel 5.2.2.) Mit diesem Hintergrundwissen ist ein freiwilliger Verzicht von Frauen auf die Definitionsmacht bezüglich Geschlechtergleichstellung ein sehr gewagtes Unternehmen.

Dieser „freiwillige Verzicht" ist freilich auch im Hinblick auf die derzeit moderne neoliberale Wirtschaftspolitik der EU ein abenteuerliches Unterfangen. Denn es ist nicht nur augenfällig, dass die EU eine durchgängige und auf allen Ebenen verwirklichte paritätische Besetzung aller Ämter nicht ernsthaft in Erwägung zieht, (siehe Kapitel 5.1.1.) sondern auch, dass die gesetzlich verankerten Erklärungen und Vereinbarungen bezüglich Gender Mainstreaming nicht einmal annähernd den gleichen Stellenwert haben, wie z.B. die dominierende und alles andere überlagernde Wirtschafts- oder Währungspolitik, welche zudem von Grund auf mit den propagierten Gleichstellungszielen im Widerspruch stehen. Allfällige Forderungen in Bezug auf Geschlechtergleichstellung werden weitestgehend zu win-win Situationen umformuliert, in denen die ursprünglichen Forderungen von Frauen- und Gleichstellungsbeauftragten bis zur Unkenntlichkeit beschönigt und verkleinert werden.

Ferner gebe ich zu bedenken, dass gesellschaftliche Zusammenhänge mehrdimensional sind und sich nicht nur auf die Kategorie Geschlecht reduzieren lassen, wie es bei Gender Mainstreaming der Fall ist. Mit dem ursprünglichen Konzept des Feminismus, welcher sehr wohl die vielschichtigen strukturellen Zusammenhänge der Gesellschaft analysierte und dadurch auch Herrschaftskritik leistete, hat diese Strategie – wenn überhaupt – nur noch am Rande zu tun.

Gender Mainstreaming ist meines Erachtens eine Möglichkeit bzw. neben der Frauenförderung ein weiterer Ansatz, Geschlechtergerechtigkeit auf allen Ebenen zumindest zum Gesprächsthema zu machen. Dieses Konzept als quasi Allheilmittel für die kulturelle Krankheit „Geschlechterunterdrückung" anzupreisen, welches den Dialog zwischen den Geschlechtern nicht nur fördert, sondern auch in eine Schiene der Gleichberechtigung führt, halte ich persönlich allerdings nicht nur für verfrüht, sondern auch für unrealistisch. Einen Ausweg aus diesem Dilemma sehe ich nur in einer konsequent durchgeführten „Doppelstrategie", welche allerdings Wunschdenken bleiben wird, da sie entweder für unnötig empfunden wird (siehe Kapitel 5.4.5.), oder die dafür notwendigen finanziellen Mittel nicht zur Verfügung gestellt werden.

Zum Schluss möchte ich noch kurz zu dem immer wieder hervorgehobenen Nutzen der sprachlichen Veränderung von „Geschlecht" zu „Gender" Stellung nehmen. Das Argument, dass durch die Veränderung der Sprache sich vermehrt auch Männer angesprochen fühlen, weil nicht mehr von „Geschlecht", welches automatisch mit „Frau" gleichgesetzt wird sondern von „Gender" die Rede ist, halte ich persönlich für nicht relevant. Erstens, weil es trotz sprachlicher Veränderung immer noch fast ausschließlich Frauen sind, welche die Überzeugungsarbeit, dass Geschlechtergleichstellung für Frauen und Männer Vorteile bringt, leisten, zweitens werden Männer, welche bis jetzt kein Interesse für Fragen der Gleichstellung gezeigt haben, sich vermutlich mehrheitlich auch künftig nicht dafür interessieren und drittens wird damit unter anderem suggeriert, dass sich durch die Benützung fremdsprachiger Worte wie eben „Gender" und nicht mehr „Geschlecht" automatisch auch der Zugang zum Thema verändert. Obwohl mir der Einfluss, den unsere „männliche" Sprache auf uns im Alltag ausübt sehr wohl bewusst ist, halte ich den letzten Punkt trotzdem für eine übertriebene Erwartung an Sprache als Mittel zur gesellschaftlichen Veränderung. Da sich m.E. nichts dadurch verändert, indem man der Sache einen anderen, „fremdsprachigen" Namen verleiht, sondern nur durch eine grundsätzliche Änderung der Sicht- und Verhaltensweise, welche sich erst mit einer inneren Einsicht und Überzeugung, dass eine Veränderung nötig ist, einstellen wird.

So wie ich dieses Kapitel mit einem Zitat von Ulrich Beck eröffnet habe, möchte ich dieses Buch nun auch mit einem Zitat von ihm schließen. Denn er hat schon in den 90iger Jahren des vorigen Jahrhunderts also bevor Gender Mainstreaming aktuell gewesen ist, die Einsicht vertreten, dass „Die Gleichstellung von Männern und Frauen [...] nicht in institutionellen Strukturen zu schaffen [ist], die die Ungleichstellung von Männern und Frauen voraussetzen."(271)

Anmerkungen

(1) Debold, Malavé, Wilson, 1994 S.348
(2) Arendt 2001 S.12
(3) Brantenberg, 1997
(4) Haug, in: Kramer, Menzel, Möller (Hg.) 1994, S.21
(5) Meyer, Ginsheim von, 2002, S.31
(6) Becker-Schmidt, Knapp, 2000, S.7
(7) Prengel, 1995, S.113
(8) Cavarero, in: Gerhard (Hg.), 1990, S.105
(9) Krüger, in: Becker-Schmidt, Knapp (Hg.), 1995, S.195
(10) Haug, in: Gerhard (Hg.), 1990, S.93
(11) Maihofer, in: Gerhard (Hg.), 1990, S.359
(12) Haug, in: Gerhard (Hg.), 1990, S.87
(13) Rullmann, Schlegel, 2000, S.144
(14) Cavarero, in: Gerhard (Hg.), 1990, S.105
(15) ebd., S.97
(16) ebd., S.99
(17) vgl. ebd., S.96
(18) Prengel, in: Gerhard (Hg.), 1990, S.122
(19) vgl. ebd., S.122f
(20) Bublitz, 2002, S.10
(21) vgl. Heselhaus, in: Haas (Hg.), 1995, S.104f
(22) Butler, 1991, S. 26
(23) Bublitz, 2002, S.67
(24) Scott, in: Stoller, Silvia; Waniek, Eva (Hg.), 2001, S.38
(25) vgl. Wetterer, in: Knapp, Wetterer (Hg.), 1995 S.230
(26) vgl. Flaake, in: Braun von, Stephan (Hg.), 2000 S.175
(27) Becker-Schmidt, Knapp, 2000, S.144
(28) vgl. Mulack, 1984 / Weiler, 1993, 1994, 1996 / Walker, 2001
(29) vgl. Hagemann-White, in: Hark (Hg.), 2001, S.30
(30) Weiler, 1993, S.37
(31) Wolf, Ralser, 1998, S.2
(32) Cavarero, in: Gerhard (Hg.), 1990 S.108
(33) Klinger, in: ebd. S.118
(34) Kristeva, zit. bei Giese, 1990, S.45
(35) vgl. Thürmer-Rohr, 1988, S.139
(36) Gieseke, in: Braun von, Stephan (Hg.), 2000, S.339
(37) Werlhof von, in: Wolf (Hg.), 2000, S.29
(38) Schacherl, in: Schacherl (Hg.), 2003, S.22
(39) vgl. Meulenbelt, 1992, S.83
(40) Schunter-Kleemann, in: Forum Wissenschaft 2/01, S.21
(41) Mies, in: Mies, Werlhof von (Hg.), 2003
(42) ebd., S.123
(43) Frey, Zudunnek, in: Nohr, Veth (Hg.), 2002 S.74
(44) Schunter-Kleemann, in: Forum Wissenschaft 2/01, S.23

(45) Jegher, in: Widerspruch 44/03, S.6
(46) Vertrag von Amsterdam zit. bei: Jegher, in: Widerspruch 44/03, S.8
(47) Jegher, in: Widerspruch 44/03, S.11
(48) Pühl, in: Widerspruch 44/03, S.63
(49) Wetterer, in: Schacherl (Hg.), 2003, S.133
(50) vgl. Schunter-Kleemann, in: Forum Wissenschaft 2/01, S.22
(51) Nohr, in: Forum Wissenschaft 2/01, S.17
(52) Metzler Lexikon, 2002, S.142f.
(53) zit. in: Gender Macht Politik 2003 S.6
(54) Merz, (Hg.), 2001, S.157
(55) Meyer, in: Meyer, Ginsheim von, (Hg.), 2001, S.34
(56) Schacherl, in Schacherl (Hg.), 2003, S.21
(57) Küng, Vortrag S.2
(58) Thürmer-Rohr, in: Forum Wissenschaft 2/01, S.34
(59) Young, in: Forum Wissenschaft 2/01, S.38
(60) Nohr, in: Forum Wissenschaft 2/01, S.19
(61) Schunter-Kleemann: Tagungsunterlagen 2002, S.5
(62) Thürmer-Rohr, in: Forum Wissenschaft 2/01, S.36
(63) Schunter-Kleemann, in: Widerspruch 44/03, S.30
(64) Schunter-Kleemann: Tagungsunterlagen 2002, S.7
(65) ebd., S.7
(66) Jauk, in: Schacherl (Hg.), 2003, S.74
(67) Nohr, in: Nohr, Veth (Hg.), 2002, S.51
(68) ebd., S.51
(69) vgl. ebd., S.51
(70) Wetterer, in: Schacherl (Hg), 2003, S.133
(71) ebd., S.134
(72) ebd., S.134
(73) Schunter-Kleemann, in: Nohr, Veth (Hg.), 2002, S.129
(74) Wetterer, in: Schacherl (Hg.), 2003, S.137
(75) ebd., S.142
(76) Nohr, in: Widerspruch 44/03, S.55f
(77) Verloo, 2000, S.4
(78) ebd., S.4
(79) vgl. ebd., S.5
(80) vgl. ebd., S.5
(81) ebd., S.5
(82) Stepanek, in: Nohr, Veth (Hg.), 2002, S.94
(83) ebd., S.94
(84) ebd., S.94
(85) Küng, 2000, S.5
(86) Wetterer, in: Schacherl (Hg.), 2003, S.135
(87) Hinderk, in: Fischer (Hg.), 1998, S.85
(88) ebd., S.85
(89) ebd., S.85
(90) ebd., S.83
(91) Schunter-Kleemann, in: Forum Wissenschaft 2/01, S.20

(92) Jegher, in: Widerspruch 44/03, S.12
(93) Meyer, Ginsheim von, 2002, S.60
(94) Weg, in: Schacherl (Hg.), 2003, S.36
(95) Enggruber, 2001, S.25
(96) Puchert, in: Schacherl (Hg.), 2003, S.83
(97) Klatzer, in: Schacherl (Hg.), 2003, S.107
(98) Caglar, in: Jansen, Röming, Rohde (Hg.), 2003, S.124
(99) Jauk, in: Schacherl (Hg.), 2003, S.75
(100) Klatzer, in: Schacherl (Hg.), 2003, S.108
(101) Madörin, in: Widerspruch – 44/03, S.44
(102) vgl. Caglar, in: Jansen, Röming, Rohde (Hg.), 2003, S.126f.
(103) Klatzer, in: Schacherl (Hg.), 2003, S.111
(104) Madörin, in: Widerspruch 44/03, S.42
(105) Klatzer, in: Schacherl (Hg.), 2003, S.114
(106) Weg, in: Schacherl (Hg.), 2003, S.36
(107) Blickhäuser, Bargen von, in: Schacherl (Hg.), 2003, S.104
(108) Merz, 2001, S.124
(109) Blickhäuser, Bargen von, in: Schacherl (Hg.), 2003, S.98
(110) ebd., S.95
(111) Merz, 2001
(112) Blickhäuser, Bargen von, in: Schacherl (Hg.), 2003
(113) Merz, 2001, S.51
(114) ebd., S.55
(115) ebd., S.70
(116) ebd., S.135 f.
(117) Blickhäuser, Bargen von, in: Schacherl (Hg.), 2003, S.95
(118) Weg, zit. bei: Meyer, Ginsheim von, 2002, S.19
(119) Stiegler, in: Steiner, Tenschert (Hg.), 2003, S.30
(120) Fox-Keller, 1986, S.18
(121) vgl. Rose, 2003, S.19
(122) Ehrhardt, in: Jansen, Röming, Rode (Hg.), 2003, S.27
(123) ebd., S.27
(124) Verloo, in: Steiner, Tenschert (Hg.), 2003, S.18
(125) Ehrhardt, in: Jansen, Röming, Rode (Hg.), 2003, S.29
(126) ebd., S.29
(127) Ehrhardt, in: Jansen, Röming, Rode (Hg.), 2003, S.30
(128) Steiner, in: Steiner, Tenschert (Hg.), 2003, S.96
(129) ebd., S.98
(130) Schunter-Kleemann, in: Nohr, Veth (Hg.), 2002, S.130
(131) Auszug aus dem e-mail vom 3.6.2004 mit Frank Ey (Assistent von Herbert Bösch, EU Abgeordneter)
(132) Wetterer, in: Schacherl (Hg.), 2003, S.134
(133) Winter, zit. in: Meyer, Ginsheim von, 2002, S.56
(134) Schacherl, in: Schacherl (Hg.), 2003, S.20
(135) Scherr, in: Ginsheim von, Meyer (Hg.), 2001, S.83
(136) Stein, in: Nohr, Veth (Hg.), 2002, S.99
(137) Skrabs, in: Nohr, Veth (Hg.), 2002, S.80

(138) vgl. verschiedene Artikel in: Forum Wissenschaft 2/01 bzw. Widerspruch 44/03
(139) Schunter-Kleemann, in: Forum Wissenschaft 2/01, S.23
(140) Weg, in: Schacherl (Hg.), 2003, S.46
(141) ebd., S.45
(142) Pfarr, zit. bei Weg, in: Schacherl (Hg.), 2003, S.46
(143) Jansen, Röming, Rohde (Hg), 2003, S.7
(144) vgl. Weinbach, in: Forum Wissenschaft 2/01, S.9 /Bohn, 2002, S.31
(145) Merz, 2001, S.132
(146) Puchert, in: Schacherl (Hg.), 2003, S.79-92
(147) Kreisky, in: Becker-Schmidt, Knapp (Hg.), 1995
(148) ebd., S.89
(149) Beck, 1986, S.169
(150) Puchert, in: Schacherl (Hg.), 2003, S.90
(151) ebd., S.81
(152) ebd., S.90
(153) ebd., S.90
(154) Jegher, in: Widerspruch 44/03, S.14
(155) Pühl, in: Widerspruch 44/03, S.61f
(156) milena, 2000, S.13
(157) Nohr, in: Widerspruch 44/03, S.53f
(158) Dittrich, in: Jansen, Röming, Rohde (Hg.), 2003, S.208
(159) Auszug aus dem e-mail vom 2.3.2004 mit Dr. Itta Tenschert
(160) Wolde, in: Becker-Schmidt, Knapp (Hg.), 1995, S.296
(161) Stiegler, in: Steiner, Tenschert (Hg.), 2003, S.42
(162) ebd., S.48
(163) Krüger, in: Becker-Schmidt, Knapp (Hg.), 1995, S.201
(164) ebd., S.215
(165) Loudon Stockhammer, in: Väterförderung, 1999, S.42
(166) vgl. ebd., S.41f
(167) Enggruber, 2001, S.75
(168) Schunter-Kleemann, in: Forum Wissenschaft 2/01, S.23
(169) Schacherl, in: Schacherl (Hg.), 2003, S.23
(170) Smykall, Kotlenga, in: Forum Wissenschaft 2/01, S.25
(171) ebd., S.25
(172) Weg, in: Schacherl (Hg.), 2003, S.45
(173) Meyer, Ginsheim von, 2002, S.55f.
(174) Schunter-Kleemann, in: Forum Wissenschaft 2/01, S.24
(175) Scherr, in: Ginsheim von, Meyer (Hg.), 2001, S.82
(176) Rosenstreich, in: Nohr, Veth (Hg.), 2002
(177) ebd., S.27
(178) Madörin, in: Widerspruch 44/03, S.45
(179) Arendt, 2001, S.55
(180) Wetterer, in: Schacherl (Hg.), 2003, S.147
(181) Milena 2000
(182) vgl. Schunter-Kleemann, in: Widerspruch 44/03, S.23
(183) ebd., S.25
(184) ebd., S.25

(185) Smykalla, Kotlenga, in: Forum Wissenschaft 2/01, S.27
(186) Münnix, 1998, S.195
(187) Schunter-Kleemann, in: Widerspruch 44/03, S.24
(188) Rose, 2003, S.13
(189) Schoibl, 2000
(190) ebd.
(191) vgl. Koje 2002, S.4
(192) ebd., S.4
(193) ebd., S.4
(194) ebd., S.4
(195) vgl. ebd., S.4
(196) Schoibl, 2003
(197) ebd.
(198) ebd.
(199) ebd.
(200) Vorarlberger Erklärung zur Jugendarbeit Artikel 18.1
(201) Schoibl, 2003
(202) ebd.
(203) ebd.
(204) Wissenschaftsladen Graz, Arbeitspapier 25/99, S.2
(205) vgl. ebd., S.2f
(206) Wissenschaftsladen Graz, Arbeitspapier 25/99, S.6
(207) Metzler Lexikon, 2002, S.200
(208) vgl. www.ojad.at
(209) Vorarlberger Erklärung zur Jugendarbeit
(210) Andresen, in: Nohr, Veth (Hg.), 2002, S.45f
(211) Trommler, in: E&C, 2001, S.22
(212) Flösser, ebd., S.4
(213) Marth in Schoibl, Hagen Marent (Hg.) 2000, S.51
(214) Meyer, Ginsheim von, 2002, S.55
(215) Winter, zit. ebd., 2002, S.54
(216) ebd., S.57
(217) Enggruber, 2001, S.28
(218) Meyer, Ginsheim von, 2002, S.56
(219) Grote/Martens, in: E&C, 2001, S.19
(220) Meyer, Ginsheim von, 2002, S.71
(221) Meyer, in: E&C, 2001, S.4
(222) Scherr, zit. in: Meyer, Ginsheim von, 2002, S.59
(223) Goldmann, zit. bei Enggruber, 2001, S.26
(224) Meyer, Ginsheim von, 2002, S.65
(225) Rose, in: Ginsheim von, Meyer (Hg.), 2001, S.118
(226) Oechsle, zit. in: Meyer, Ginsheim von, 2002, S.68
(227) Rose, in: Ginsheim von, Meyer (Hg.), 2001, S.119
(228) Meyer, Ginsheim von, 2002, S.69
(229) Rose, zit. nach Meyer, Ginsheim von, 2002, S.70
(230) vgl. ebd., S.86-94
(231) Hillebrandt, in: BAJ, 2001, S.9

(232) vgl. Enggruber, 2001, S.44
(233) Meyer, Ginsheim von, 2002, S.75
(234) Trommler, in: E&C, 2001, S.24
(235) Meyer, Ginsheim von, 2002, S.105
(236) ebd., S.105
(237) vgl. ebd., S.106
(238) vgl. ebd., S.105
(239) Verloo, in: NORA, 2003, S.33
(240) ebd. S.33f
(241) Bohn, 2002, S.45
(242) Flösser, in: Ginsheim von, Meyer (Hg.), 2001, S.64
(243) vgl. Meyer, Ginsheim von, 2002, S.59
(244) ebd., S.108ff
(245) Merz, 2001, S.120
(246) Corteolezis, in: Steiner, Tenschert (Hg.), 2003, S.38
(247) Meyer, Ginsheim von, 2002, S.79
(248) vgl. Ginsheim von, Meyer, Rose et al.
(249) Merz, 2001, S.173
(250) Meyer, Ginsheim von, 2002, S.69
(251) Merz, 2001, S.174
(252) Bohn 2002 S.44
(253) Schlussbericht 2003, S.4
(254) Information laut Telefongespräch am 9.7.2004 mit Frau Denis
(255) Schlussbericht 2003, S.33
(256) ebd., S.4
(257) Information laut Telefongespräch am 9.7.2004 mit Frau Denis
(258) ebd.
(259) ebd.
(260) Schlussbericht, 2003, S.28
(261) ebd., S.9
(262) ebd., S.7
(263) ebd., S.32
(264) e-mail von 12.3.2004
(265) Information laut Telefongespräch am 9.7.2004 mit Frau Denis
(266) e-mail von 12.3.2004
(267) Information laut Telefongespräch am 9.7.2004 mit Frau Denis
(268) Arendt, 1998, S.8
(269) Beck, 1997, S.42
(270) ebd., S.44
(271) Beck, 1986 S.181

Literaturverzeichnis

Gedruckte Buchliteratur

ARENDT, Hannah:
Vita activa. oder Vom tätigen Leben. München: Piper Verlag 2001
ARENDT, Hannah:
Macht und Gewalt. München: Piper Verlag 1998

BAUER, Ingrid, Neissl Julia (Hg.):
Gender Studies. Denkachsen und Perspektiven der Geschlechterforschung. Innsbruck: Studienverlag 2002
BECK, Ulrich:
Risikogesellschaft. Auf dem Weg in eine andere Moderne. Frankfurt am Main: Suhrkamp Verlag 1986
BECK, Ulrich:
Was ist Globalisierung? Frankfurt am Main: Suhrkamp Verlag 1997
BECKER-SCHMIDT/Regina, KNAPP, Gudrun-Axeli (Hg.):
Das Geschlechterverhältnis als Gegenstand der Sozialwissenschaften. Frankfurt/Main: Campus Verlag 1995
BECKER-SCHMIDT/Regina, KNAPP, Gudrun-Axeli:
Feministische Theorien zur Einführung. Hamburg: Junius Verlag 2000
BECK-GERNSHEIM, Elisabeth:
Das halbierte Leben. Männerwelt Beruf Frauenwelt Familie. Frankfurt /M: Fischer 1980
BEHNKE, Cornelia/MEUSER Michael:
Geschlechterforschung und qualitative Methoden. Opladen: Leske und Budrich 1999
BOHN, Irina:
Gender Mainstreaming und Jugendhilfeplanung. Münster: Votum Verlag 2002
BRAUN VON, Christina/STEPHAN, Inge (Hg.) Gender-Studien. Eine Einführung. Stuttgart: Metzler 2000
BUBLITZ, Hannelore:
Judith Butler zur Einführung. Hamburg: Junius Verlag 2002
BUTLER, Judith:
Das Unbehagen der Geschlechter. Frankfurt am Main: Suhrkamp 2003
BRANTENBERG, Gerd:
Die Töchter Egalias. München: Verlag Frauenoffensive 1997

DEBOLD, Elizabeth/MALAVÉ Idelisse/WILSON Marie:
Die Mutter-Tochter Revolution. Hamburg: Rowohlt Verlag 1994

ENGGRUBER, Ruth:
Gender Mainstreaming und Jugendsozialarbeit. Münster: Votum Verlag 2001

FISCHER, Hans Rudi (Hg.):
Die Wirklichkeit des Konstruktivismus. Zur Auseinandersetzung um ein neues Paradigma. Heidelberg: Carl-Auer-Systeme 1998

FOX-KELLER, Evelyn:
   Liebe, Macht und Erkenntnis. Männliche oder weibliche Wissenschaft. München: Carl Hanser Verlag 1986

GERHARD, Ute u.a. (Hg.):
   Differenz und Gleichheit. Menschenrechte haben (k)ein Geschlecht. Frankfurt am Main Ulrike Helmer Verlag 1990
GIESE, Cornelia:
   Gleichheit und Differenz. Vom dualistischen Denken zur polaren Weltsicht, München: Frauenoffensive 1995
GINSHEIM VON, Gabriele, Meyer Dorit (Hg.):
   Gender Mainstreaming. Neue Perspektiven für die Jugendhilfe, Berlin: Stiftung SPI 2001

HARK, Sabine (Hg.):
   Dis/Kontinuitäten: Feministische Theorie. Opladen: Leske + Budrich 2001
JANICH, Peter:
   Was ist Erkenntnis? Eine philosophische Einführung. München: Beck'sche Reihe 2000
JANSEN, Mechtild/RÖMING, Angelika/ROHDE, Marianne (Hg.):
   Gender Mainstreaming. Herausforderung für den Dialog der Geschlechter. München: Olzog 2003
KNAPP, Gudrun-Axeli/WETTERER Angelika (Hg.):
   Traditionen Brüche. Entwicklungen feministischer Theorie. Freiburg i.Br.: Kore 1995
KRAMER, Nicole/MENZEL, Birgit/MÖLLER Birgit (Hg.):
   Sei wie das Veilchen im Moose... Aspekte feministischer Ethik; Frankfurt am Main: Fischer Verlag 1994
KROLL, Renate (Hg.)
   Gender Studies Geschlechter Forschung; Metzler Lexikon, Stuttgart: Metzler 2002
MERZ, Veronika (Hg.):
   Salto, Rolle, Pflicht und Kür. Gender-Training in der Erwachsenenbildung, Zürich: Verlag Pestalozzianum, 2001
MEULENBELT, Anja:
   Du hast nur einen Beruf – mich glücklich zu machen. Über die Unmöglichkeit der Liebe zwischen Frau und Mann, Hamburg: Rowohlt 1992
MEYER, Dorit/GINSHEIM VON, Gabriele (Hg.):
   Gender Mainstreaming. Zukunftswege der Jugendhilfe, Berlin: Stiftung SPI 2002
MULACK, Christa:
   Die Weiblichkeit Gottes. Matriarchale Voraussetzungen des Gottesbildes. Stuttgart: Kreuz Verlag 1984
MIES, Maria/WERLHOF VON, Claudia:
   Lizenz zum Plündern. Das Multilaterale Abkommen über Investitionen ‚MAI'. Hamburg: Groenewold Verlage 2003
MÜNNIX, Norbert und Gabriele:
   Leben statt gelebt zu werden. Wie wir Kindern Orientierung geben. Zürich: Walter Verlag 1998

NOHR, Barbara/VETH, Silke (Hg.):
   Gender Mainstreaming. Kritische Reflexionen einer neuen Strategie, Berlin: Dietz 2002

PRENGEL, Annedore:
Pädagogik der Vielfalt. Verschiedenheit und Gleichberechtigung in Interkultureller, Feministischer und Integrativer Pädagogik, Opladen: Leske + Budrich 1995
ROSE, Lotte:
Gender Mainstreaming in der Kinder und Jugendarbeit, Weinheim: Beltz Verlag 2003
RULLMAN, Marit/SCHLEGEL, Werner:
Frauen denken anders. Frankfurt am Main: Suhrkamp 2000

SCHACHERL, Ingrid (Hg.):
Gender Mainstreaming. Kritische Reflexionen. Innsbruck: Studia Universitätsverlag 2003
SCHOIBL, Heinz, Hagen Martin, Marent Roland:
Jugendarbeit zum Anfassen. Reader zur Fachtagung. Graz; Wien: Verlag Zeitpunkt 2000
STEINER, Hannah, Tenschert Itta (Hg.):
Observatoria. Wien: Netzwerk österreichischer Frauen- und Mädchenberatungsstellen 2003

THÜRMER-ROHR, Christina:
Vagabundinnen. Feministische Essays, Berlin: Orlanda Frauenverlag 1988

WALKER, Barbara:
Die Weise Alte. Kulturgeschichte Symbolik Archetypus. München: Frauenoffensive 2001
WANIEK, Eva, Stoller Silvia (Hg.):
Verhandlungen des Geschlechts. Zur Konstruktivismusdebatte in der Gender-Theorie. Wien: Turia + Kant 2001
WEILER, Gerda:
Der Aufrechte Gang der Menschenfrau. Eine feministische Anthropologie II. Frankfurt am Main: Helmer Verlag 1994
WEILER, Gerda:
Der enteignete Mythos. Eine feministische Revision der Archetypenlehre C.G. Jungs und Erich Neumanns. Frankfurt am Main: Helmer, Verlag 1996
WEILER, Gerda:
Eros ist stärker als Gewalt. Eine feministische Anthropologie I. Frankfurt am Main: Helmer Verlag 1993
WERLHOF VON, Claudia:
MutterLos. Frauen im Patriarchat zwischen Angleichung und Dissidenz. München: Frauenoffensive 1996
WICHTERICH, Christa:
Frauen der Welt. Vom Fortschritt der Ungleichheit. Göttingen: Lamuv Verlag 1995
Widerspruch: Feminismus, Gender, Geschlecht. Beiträge zu sozialistischer Politik, Zürich: Widerspruch – 44/03
WOLF, Maria (Hg.):
Optimierung und Zerstörung. Intertheoretische Analysen zum menschlich Lebendigen. Innsbruck: Studia Universitätsverlag 2000

Unterlagen von öffentlichen Medien

BAG EJSA Gender Mainstreaming: Das geht alle an! Informationen, Einschätzungen, Anregungen und Praxisbeispiele aus der Arbeit der BAG EJSA (Bundesarbeitsgemeinschaft, Evangelische Jugendsozialarbeit) Materialheft Stuttgart September 2003
BAJ Alter Wein in neuen Schläuchen? Anmerkungen zur Beschreibung des Kinder- und Jugendschutzes in den Begriffen der neuen Steuerungsmodelle Bundesarbeitsgemeinschaft Kinder- und Jugendschutz Berlin 1996
BAJ Mädchen hier... Jungen da... !? Überlegungen zur geschlechtsbewussten Arbeit in Handlungsfeldern des Kinder- und Jugendschutzes. Bundesarbeitsgemeinschaft Kinder- und Jugendschutz Berlin 2001
Friedrich Ebert Stiftung: Stiegler, Barbara: Gender Macht Politik. 10 Fragen und Antworten zum Konzept Gender Mainstreaming. Bonn Februar 2003
Friedrich Ebert Stiftung: Stiegler, Barbara: Gender Mainstreaming. Postmoderner Schmusekurs oder geschlechterpolitische Chance? Argumente zur Diskussion. Bonn September 2003
Friedrich Ebert Stiftung: Wir Frauen wollen auch gerne Macht haben. Von der Frauenpolitik zum Gender Mainstreaming. Bonn 2003
Bundesministerium für Bildung, Wissenschaft und Kultur. Gender Mainstreaming in der Regionalentwicklung. Wien 2001f
Heinrich-Böll-Stiftung (Hg): Alles Gender? Oder was? Dokumentation einer Fachtagung vom 9./10 März 2001 in Berlin, Reihe Dokumentation der HBS Nr. 18. Berlin 2001
Heinrich-Böll-Stiftung: Blickhäuser, Angelika: Beispiele zur Umsetzung von Geschlechterdemokratie und Gender Mainstreaming in Organisationen. Berlin 2002
Milena, Leitfaden Gender Mainstreaming, Frauenbüro Wien 2000
NORA: Verändern durch gendern? Gender Mainstreaming – Chancen und Grenzen einer Strategie. Innsbruck 2004
Schunter-Kleemann Susanne: Gleicher geht (n)immer. Unterlagung zur Tagung in Salzburg – Kulturgelände Nonntal, Datum 10.-12.10.2002
Frauenbüro der Stadt Wien: Väterforderung – Politik der Zukunft? Vereinbarkeit von Beruf und Familie für Männer und Frauen im Betrieb. Internationale Tagungsdokumentation zu Managing E-Quality. Frankfurt am Main 1999
Wissenschaftsladen Graz: Jugendzentren; Ihre Bedeutung für die psychosoziale Entwicklung Jugendlicher sowie ihr regionalwirtschaftlicher Nutzen. Arbeitspapier 25/99ssss
Wolf Maria: Vorlesungsmanuskript SS 1998

Unveröffentlichtes Manuskript

Denis, Monika: Schlussbericht. Verankerung des Ansatzes Gender Mainstreaming innerhalb der Organisation und Jugendarbeit von OJA! sowie Umschreibung des Schulungsbedarfs des Personals, Hochschule für Soziale Arbeit HSA Luzern Fachhochschule Zentralschweiz August 2003
Küng, Zita: Gender Mainstreaming versus Gleichstellungspolitik Sackgasse oder neue Politik für Frauen; Renner Institut, Wien, Vortrag am 21.11.2000
Verloo, Mieke: Einführung und Implementierung der Gender Mainstreaming Strategie; Referat im Rahmen der 1. Sitzung der interministeriellen Arbeitsgruppe Gender Mainstreaming Wien, am 10.November 2000

Zeitschriften

Forum Wissenschaft; Gender Mainstreaming – Implikationen für Politik und Wirtschaft 2/01
Impact; Soziale Arbeit und Gender. Basler Institut für Sozialforschung und Sozialplanung Juni 2003

Internet Adressen

Dornbirner Jugendstudie 2001. Freizeit, Alltag und Werte der 13- 18jährigen. Zu beziehen unter: elmar.luger@dornbirn.at
E&C „Soziale Arbeit als Koproduktion" „Gender Mainstreaming – als Herausforderung an eine sozialraumorientierte Kinder- und Jugendhilfe". Ausgabe Nr.9/5.5.2003, http://www.eundc.de, ausgedruckt am 7.5.2004
E&C „Zielgruppenkonferenz der aus dem KJP (Bund) geförderten freien Träger der Jugendhilfe" Dokumentation zur Veranstaltung vom 5. September 2001, http://www.eundc.de, ausgedruckt am 7.5.2004
GeM-Koordinierungsstelle Gender Mainstreaming in ESF (2001): ToolBox Gender Mainstreaming. L&R Sozialforschung Wien. http:///www.gem.or.at, ausgedruckt am 7.5.2004
koje – Koordinationsbüro für Offene Jugendarbeit; Tätigkeitsbericht 2002 angefordert bei: sabine.liebentritt@koje.at, am 3.6.2004
Schoibl Heinz: Standards in der Offenen Jugendarbeit. Mai 2000: http://www.koje.at/index. php?newsID=100&rubrikID=10, ausgedruckt am 3.6.2004
Schoibl Heinz: Wohin geht die Offene Jugendarbeit? 17.10.2003: http://www.jugendzentrum.at/texte/SchoiblRef03.htm ausgedruckt am 3.6.2004
Vorarlberger Erklärung zur Jugendarbeit http:///www.koje.at ausgedruckt am 3.6.2004

Beiträge zur Dissidenz

Herausgegeben von Claudia von Werlhof

Band 1   Renate Krammer: Frauenpolitik. 1996.

Band 2   Doris Miller: Über – Gänge. Ein Plädoyer gegen die gespaltene Existenz der Menschen und für eine abenteuerliche Reise in eine bewegte Welt. 1996.

Band 3   Alex Fohl: Gratwanderungen. Autonomie und Pathologie. 1996.

Band 4   Sibylle Hammer: Humankapital. Bildung zwischen Herrschaftswahn und Schöpfungsillusion. 1997.

Band 5   Doris Schober: Angst, Autismus und Moderne. 1998.

Band 6   Michael Stark: vom Grund. 1998.

Band 7   Gerhard Diem: Über die Melancholie. In der Spannung von Last und List, Apokalypse und Aufklärung. 1999.

Band 8   Renate Genth: Frauenpolitik und politisches Handeln von Frauen. Ein Versuch im Licht der Begrifflichkeit von Hannah Arendt. 2001.

Band 9   Michaela Moser: Drogen und Politik. Dionysische Welten und die gereinigte Gesellschaft. Überlegungen zur staatlichen Heroinabgabe anhand von Erfahrungen aus Tirol. 2001.

Band 10   Renate Genth: Über Maschinisierung und Mimesis. Erfindungsgeist und mimetische Begabung im Widerstreit und ihre Bedeutung für das Mensch-Maschine-Verhältnis. 2002.

Band 11   Jürgen Miksichik: Wider die Metaphysik. Patriarchale Leibes-, Lebens- und Liebesvorstellungen und ihre gesellschaftspolitische Wirksamkeit. 2002.

Band 12   Elisabeth Sorgo: Die Brüste der Frauen. Ein Symbol des Lebens oder des Todes? Brustkrebs als Audruck der "Kränkung" von Frauen im Patriarchat. 2003.

Band 13   Barbara Thaler: Biopiraterie und Indigener Widerstand. Mit Beispielen aus Mexiko. 2004.

Band 14   Irene Mariam Tazi-Preve: Mutterschaft im Patriarchat. Mutter(feind)schaft in politischer Ordnung und feministischer Theorie – Kritik und Ausweg. 2004.

Band 15   Markus Walder: Die Diskussion um erneuerbare Energien in der Politik. Ist die Nutzung erneuerbarer Energien nur noch eine Frage des politischen Willens? 2004.

Band 16   Johannes Eder: Die Villgrater Kulturwiese. Von der Schwierigkeit des *Anderssein-Wollens* im Dorf. 2004.

Band 17   Ines Caroline Zanella: Kolonialismus in Bildern. Bilder als herrschaftssicherndes Instrument mit Beispielen aus den Welt- und Kolonialausstellungen. 2004.

Band 18   Franco Ruault: „Neuschöpfer des deutschen Volkes". Julius Streicher im Kampf gegen „Rassenschande". 2006.

Band 19   Verena Oberhöller: WasserLos in Tirol. Gemein – öffentlich – privatisiert? 2006.

Band 20   Andrea Salzburger: Zurück in die Zukunft des Kapitalismus. Kommerz und Verelendung in Polen. 2006.

Band 21   Eva-Maria Loidl: Risiken und Nebenwirkungen von Gender Mainstreaming. Am Beispiel der *Offenen Jugendarbeit*. 2006.

www.peterlang.de

Ingelore Welpe / Marike Schmeck

Kompaktwissen Gender in Organisationen

Frankfurt am Main, Berlin, Bern, Bruxelles, New York, Oxford, Wien, 2005.
183 S., zahlr. Abb.
Angewandte Genderforschung. Gender Research Applied.
Herausgegeben von Ingelore Welpe. Bd. 1
ISBN 3-631-54550-9 · br. € 19.80*

Kompaktwissen Gender in Organisationen führt kurz und bündig in das Mainstream-Thema Gender ein. Das Buch deckt den Wissensbedarf der Praxis zu den aktuellen Schlüsselbegriffen des Genderthemas und informiert über anwendungsreife Ergebnisse und bereits erprobte Methoden der Genderforschung in Organisationen. Erfolgreiche Beispiele aus der Praxis von Wirtschaftsunternehmen, der Hochschule und aus Verwaltungen demonstrieren die Anwendung des Genderthemas. Mit den Themen Wirtschaft und Familie, Gender in der Personalführung, Genderlogik und Genderkompetenz in Organisationen schlägt das Buch eine Brücke zwischen Genderforschung und Organisationen und unterstützt die Umsetzung des Genderthemas in modernen Organisationen.

Aus dem Inhalt: Schlüsselbegriffe Gender · Genderkonzept · Genderrollen · Genderaspekte Familie · Methoden Gender Mainstreaming · Gender in den Personalprozessen der Unternehmen · Gender-Praxisbeispiele aus Organisationen

Frankfurt am Main · Berlin · Bern · Bruxelles · New York · Oxford · Wien
Auslieferung: Verlag Peter Lang AG
Moosstr. 1, CH-2542 Pieterlen
Telefax 00 41 (0) 32 / 376 17 27

*inklusive der in Deutschland gültigen Mehrwertsteuer
Preisänderungen vorbehalten
Homepage http://www.peterlang.de